AF452815

RELATION
DE CE
QVI S'EST PASSE'
en la Miſſion des Peres de la Compagnie de IESVS aux Hurons, pays de la Nouuelle France, és années 1648. & 1649.

Enuoyée

AV R. P. HIEROSME LALEMANT, Superieur des Miſſions de la Compagnie de IESVS, en la Nouuelle France.

Par le P. PAVL RAGVENEAV, de la meſme Compagnie.

Pour la faire tenir au R. P. Prouincial de la meſme Compagnie.

A PARIS,

Chez { SEBASTIEN CRAMOISY, Imprimeur ordinaire du Roy, & de la Reyne Regente, ET GABRIEL CRAMOISY, } ruë ſainct Iacques, aux Cicognes.

M. DC. L.
AVEC PRIVILEGE DV ROY.

TABLE
DES CHAPITRES
CONTENVS EN CETTE
Relation.

Table des Chapitres.

Extraict du Priuilege du Roy.

PAr grace & Priuilege du Roy, il est permis à SEBASTIEN CRAMOISY Marchand Libraire Iuré en l'Vniuersité de Paris, & Imprimeur ordinaire du Roy & de la Reyne Regente, Bourgeois & ancien Escheuin de cette Ville de Paris, d'imprimer ou faire imprimer vn Liure intitulé, *Relation de ce qui s'est passé en la Mission des Peres de la Compagnie de* IESVS *aux Hurons, pays de la Nouuelle France, es années* 1648. *&* 1649. *Enuoyée au R. P. Ierosme Lalemant Superieur des Missions de la Compagnie de* IESVS, *en la Nouuelle France*, &c. Et ce, pendant le temps & espace de dix années consecutiues ; auec defenses à tous Libraires & Imprimeurs d'imprimer ou faire imprimer ledit Liure, sous pretexte de déguisement ou changement qu'ils y pourroient faire, à peine de confiscation & de l'amende portée par ledit Priuilege. Donné à Paris en Decembre 1649.

Signé, Par le Roy en son Conseil,

CRAMOISY.

Permiſſion du R. P. Vice-Prouincial.

NOvs Louis le Mairat Vice-Prouin-cial de la Compagnie de Iᴇsvs en la Prouince de France, auons accordé pour l'aduenir au ſieur Sebaſtien Cramoiſy Marchand Libraire, Imprimeur ordinaire du Roy & de la Reyne Regente, Bour-geois & ancien Eſcheuin de cette Ville de Paris, l'impreſſion des Relations de la Nouuelle France. Fait à Paris ce 24. No-uembre 1649.

LOVIS LE MAIRAT.

RELA-

RELATION
DE CE
QVI S'EST PASSE'
en la Miſſion des Peres de la Compagnie de IESVS aux Hurons pays
de la Nouuelle France, és années
1648. & 1649.

AV R. P. HIEROSME LALEMANT,
Superieur des Miſſions de la Compagnie de
IESVS, en la Nouuelle France.

Pax Chriſti.

MON R. PERE,

Cette Relation que i'adreſſe à voſtre
Reuerence, luy fera voir les progrez de la
Foy ſur ces peuples, plus notables que ia-
mais ils n'auoient eſté par le paſſé. Et en
ſuite la deſolation de ces Pays, dans le temps

A

que le Chriſtianiſme y a paru auec plus
grand éclat. Ce qui nous conſole. dans ces
deſolations , c'eſt que le Ciel s'enrichit de
nos pertes , & ſe remplit des dépoüilles de
cette Egliſe militante, qui ſe ſouſtient dedans l'orage , & qui dans le plus fort des
miſeres qui l'accueillent de toutes parts , ſe
maintient fortement dans ſa foy , & s'ani-
me dans l'eſperance d'vne vie immortelle,
qui eſt ſon vnique ſupport. Nous voyons
l'ouurage de nos mains diſſipé, ou pluſtoſt
l'ouurage de la main de Dieu ſeul ; quantité
d'Egliſes naiſſantes , qui portent ſur elles
meſmes la vraye marque du Chriſtianiſme, ie veux dire la croix de Ieſus Chriſt:
vn grand nombre de nos Chreſtiens qui
ont paſſé par le fil de l'eſpée ; les autres qui
ont ſouffert & les feux & les flammes :
des hommes, des femmes & des enfans ;
& ceux qui ont eſchappé le fleau de la guerre, contraints d'abandonner leurs biens, leurs
maiſons, leur pays ; & d'aller mourir dans
les bois de meſaiſes & de faim, pour fuir

vne mort plus cruelle. Ce ñous eſt vn bonheur, qu'vne partie de cette croix vrayeme-
ment peſante, ſoit à nous meſmes noſtre partage, que nous ayons veu de nos freres y
reſpandre leur ſang, & y endurer des tourmens, dont la cauſe les pourra bien faire
paſſer quelque iour pour martyrs; qu'il n'y
en ait pas vn de nous qui ne puiſſe eſperer
de les ſuiure, au milieu des braziers ardens, où ils ont eſté conſumez : & que
maintenant l'eſtat des affaires ſoit tel, que
nous ſoyons heureuſement neceſſitez de
beaucoup ſouffrir, & de tout craindre, au
ſeruice du grand Maiſtre dont nous annon-
çons les grandeurs en ces pays Barbares.
Nous adorons ſes diuines conduites, & ſur
nous & ſur noſtre troupeau; nous le be-
niſſons du paſſé; & nous attendons auec
amour, & ie puis dire auec la ioye de noſtre cœur, ce que noſtre nature pourroit re-
douter dauantage, car c'eſt ainſi qu'il merite luy ſeul d'eſtre ſeruy. Nous le prions
que ſes diuines volontez ſoient accomplies

A ij

ſur nous, & en la vie & en la mort : voſtre Reuerence nous aſſiſtera pour cét effet
de ſes prieres, & tous ceux qui ont quelque amour pour la conuerſion de ces Peuples.

MON R. PERE,

De la Maiſon de Sainёte
Marie aux Hurons, ce 1.
iour de May 1649.

Voſtre tres-humble & obeyſſant
ſeruiteur en noſtre Seigneur
PAVL RAGVENEAV.

AV R. PERE LE PERE
CLAVDE DE LINGENDES,
Prouincial de la Compagnie de Iesvs en la Prouince de France.

MON R. PERE,

La Relation des Hurons que i'enuoye à vostre Reuerence, luy fera voir la déroute & la desolation de ces pauures nations d'enhaut, le massacre de la fleur de nos Chrestiens, la mort glorieuse de trois de leurs Pasteurs, & leur retraitte, auec vne partie de leur troupeau, dans vne Isle de leur grand lac.

Aprés tout, le Baptesme de plus de deux mille Sauuages, le courage & l'esperance pour l'aduenir, dont Dieu remplit les esprits & les cœurs de tous ceux qui sont parmy les Hurons, me fait beaucoup esperer pour l'auenir.

Monsieur d'Aillebouſt noſtre Gouuerneur, a fait le poſſible pour ſecourir le païs en cette occaſion, y enuoyant des forces & des munitions pour reſiſter aux ennemis: enuiron ſoixante François y ſont montez cette année en deux bandes, dont la premiere deuoit retourner cette Automne, & l'autre hiuerner dans le païs: nous ne ſçauons pas encore le ſuccés de leur voyage, ie prie Dieu qu'il ſoit heureux.

Ie n'enuoye pour cette année autre relation à Voſtre Reuerence, que celle des Hurons, non pas que nous manquions de ſuiet de donner autant de conſolation à Voſtre Reuerence, que iamais pour les Miſſions d'icy bas, où les Chreſtiens Sauuages vont croiſſant en nombre, & en vertu au delà de toutes nos eſperances; mais pour interrompre le cours des Relations ordinaires d'icy bas, dont la continuation ſans relaſche, particulierement dans la rencontre d'vne relation ſi extra-

ordinaire des païs d'enhaut, pourroit fembler importune & affectée. .

Les Froquois nous ont vn peu donné de repos icy bas ; mais ie ne fçay fi ce fera pour long-temps : noftre confolation eft que les differences des temps font auffi bien fuiettes à Dieu que celles des lieux, & que nous ne deuons eftre que trop contens de tout ce qu'il plaira à fa diuine Maiefté d'en ordonner.

Quoy que c'en foit, Voftre Reuerence voit affez que nous auons befoin d'vn fecours extraordinaire de fes fainéts Sacrifices & Prieres ; c'eft ce que nous la prions tres-humblement de nous octroyer, & ce que nous efperons entierement de fa bonté, & charité en noftre endroit,

DE V. REVERENCE,

De Quebec ce 8.
Septembre 1649.

Seruiteur tres-humble &
tres-obeyffant en N. S.
HIEROSME LALEMANT.

CHAPITRE PREMIER.

De la prise des Bourgs de la Mission de S. Joseph, l'Esté de l'année 1648.

'E S T E' dernier de l'an passé 1648. les Iroquois ennemis des Hurons, leur enleuerent deux bourgs frontiers, dont la pluspart des hommes de defense estoient sortis, quelques-vns pour la chasse, quelques autres pour des desseins de guerre, qui ne pûrent leur reüssir. Ces deux places frontieres faisoient la Mission, que nous nommions de S. Ioseph; dont le bourg principal comptoit enuiron 400. familles, où la Foy se soustenoit depuis long-temps auec éclat, & où les Chrestiens alloient croissans en nombre, & plus encore en saincteté, par les trauaux infatigables du Pere Antoine Daniel, vn des premiers Missionaires de ces contrées.

A peine le Pere acheuoit-il la Messe, & les Chrestiens, qui selon leur coustume auoient remply l'Eglise aprés le leuer du

Soleil, y continuoient encore leurs deuotions, qu'on crie aux armes, & à repouf-
fer l'ennemy, lequel eftant venu à l'impro-
uifte, auoit fait fes approches de nuit. Les
vns courent au combat, les autres à la fuite, ce n'eft qu'effroy & que terreur par
tout. Le Pere fe iettant des premiers où il
voit le peril plus grand, encourage les
fiens à vne genereufe defenfe : & comme
s'il euft veu le Paradis ouuert pour les
Chreftiens, & l'Enfer fur le poinct d'abif-
mer tous les Infideles, il leur parle d'vn
ton fi animé de l'efprit qui le poffedoit,
qu'ayant fait brefche dans les cœurs, qui
iufqu'alors auoient efté les plus rebelles,
il leur donna vn cœur Chreftien. Le nombre s'en trouue fi grand, que ne pouuant
pas y fuffire, les baptizant les vns aprés les
autres, il fut contraint de tremper fon
mouchoir en l'eau (qui eftoit tout ce que
la neceffité luy prefentoit alors) pour répandre au pluftoft cette grace fur ces pauures Sauuages, qui luy crioient mifericorde, fe feruant de la façon de baptizer
qu'on appelle par afperfion.

Cependant l'ennemy continuoit fes at-
taques plus furieufement que iamais : &
fans doute que ce fut vn grand bonheur

pour le salut de quelques-vns, qu'au moment de leur mort, le Baptefme leur eût donné la vie de l'ame, & les mit dans la poffeffion d'vne vie immortelle.

Comme le Pere eût veu que l'Iroquois fe rendoit maiftre de la place, au lieu de prendre la fuite auec ceux qui l'inuitoient de fe fauuer en leur compagnie ; s'oubliant de foy-mefme, il fe fouuint de quelques vieillards & malades, qu'il auoit de long-temps difpofez au Baptéme: il parcourt les cabanes, il les va rempliffant de fon zele, les Infideles mefmes luy prefentans leurs enfans à la foule, pour en faire des Chreftiens.

Cependant l'ennemy defia victorieux auoit mis tout en feu, & le fang des fêmes mefme & des enfans irritoit leur fureur. Le Pere voulant mourir dans fon Eglife, la trouue pleine de Chreftiens, & de Catechumenes qui luy demandent le Baptéme. C'eftoit bien pour lors que leur foy animoit leurs prieres, & que leur cœur ne pouuoit démentir leur langue. Il baptize les vns, donne l'abfolution aux autres, & les confole tous de l'efperance la plus douce des Saincts, n'ayant quafi d'autres paroles en bouche que celles-cy;Mes Freres nous serons auiourd'uy dans le Ciel.

L'ennemy fut aduerty que les Chrestiens s'estoient rendus en tres-grand nõbre dans l'Eglise; & que c'estoit la proye la plus facile, & la plus riche qu'il eût pû esperer. Il y accourt auec des hurlemens barbares, & des cris étonnans. Au bruit de ces approches, Fuyez mes Freres, dit le Pere à ses nouueaux Chrestiens, & portez auec vous vostre foy iusqu'au dernier soûpir. Pour moy (adiousta-t'il) ie dois mourir icy, tandis que i'y verray quelque ame à gagner pour le Ciel; & y mourant pour vous sauuer, ma vie ne m'est plus rien; nous nous reuerrons dans le Ciel.En mesme temps il sort du costé d'où vient l'ennemy, qui s'arreste dans l'estonnement de voir vn homme seul luy venir au rencontre, & mesme recule en arriere, comme s'il eût porté sur son visage la terreur, & l'effroy d'vne compagnie toute entiere. Enfin s'estans vn peu reconnus,& s'estonnans d'eux-mesmes, ils s'animent les vns les autres, ils l'enuirõnent de toutes parts, ils le couurent de fleches, iusqu'à ce que l'ayans frappé d'vn coup mortel, d'vne arquebuse qui le perça de part en part tout au milieu de la poictrine, il tomba prononçant le nom de Iesvs, en rendant heu-reusement son ame à Dieu; vrayment en bon Pasteur, qui expose & son ame & sa vie pour le salut de son troupeau.

Ce fut alors que ces Barbares se ruerent sur luy, auec autant de rage que si luy seul eût esté l'obiet de leur haine. Ils le dépoüillent nud, ils exercent sur luy mille indignitez, & il n'y en eût quasi aucun, qui ne vouluſt prendre la gloire de luy auoir donné son coup, mesme le voyant mort.

Le feu cependant consumoit les cabanes, & lors qu'il eût gagné iusqu'à l'Eglise, le Pere y fut ietté dans le plus fort des flammes, qui en firent bien tost vn holocauste entier. Quoy qu'il en soit, il n'eût pû estre plus glorieusement consumé que dans les feux, & les lumieres d'vne Chapelle ardente.

Tandis que l'ennemy s'arreste sur le Pasteur de cette Eglise, son pauure troupeau dissipé auoit tousiours plus de loisir de se sauuer; & plusieurs en effet se rendirent en lieu d'asseurance, redeuables de leur vie à la mort de leur pere. Les autres ne pûrent se sauuer assez promptement, principalement des pauures meres desolées, qui succomboient sous la pesanteur de trois

& quatre enfans ; ou qui s'estans voulu cacher dans l'épaisseur des bois, s'y voyent découuertes par les cris innocens d'vn âge qui se trahit soy mesme, appellant sur soy le malheur qu'il craint dauantage.

Il y auoit quatorze ans que ce bon Pere trauailloit en cette Missiõ des Hurõs auec vn soin infatigable, vn courage genereux dans les entreprises, vne patience insurmontable, vne douceur inalterable, & auec vne charité qui sçauoit tout excuser, tout supporter & tout aymer. Son humilité estoit sincere, son obeyssance entiere, & tousiours preste à tout pâtir & à tout faire. Son zele l'a accompagné iusqu'à la mort, qui ne l'a pas surpris au dépourueu, quoy qu'elle ait esté bien subite. Car il portoit tousiours son ame entre ses mains, y ayant plus de neuf ans, qu'il demeuroit dans les places les plus frontieres de ce pays, & dans les Missions les plus exposées à l'ennemy, attendant auec esperance & amour le bonheur de la mort, qui luy est écheuë en partage.

Mais sans doute que la Prouidence de Dieu l'auoit conduit à cette mort d'vne façon particuliere ; n'y ayant que deux iours qu'il auoit fait vne confession gene-

rale, & qu'il auoit acheué en cette Maison
de Sainéte Marie, les Exercices Spirituels
de la Compagnie, dans vne retraite de
huiét iours, qu'il auoit pris exprés pour
vaquer à Dieu seul, & se disposer au passa-
ge de l'Eternité. Ce fut là qu'il s'enflam-
ma plus que iamais, dans les desirs de répandre & son sang & sa vie pour le salut
des ames : en telle sorte qu'ayant finy ses
Exercices, il ne voulut pas prendre mesme vn iour de repos, se sentant appellé
de Dieu dans les trauaux de sa Mission ; où
il porta ce feu du Ciel, dont sans doute
son ame estoit plus embrasée, que iamais
son corps ne l'ayt esté, quoy que saincte-
mét consumé dans le milieu des flammes.
Il s'estoit separé de nous le second iour de
Iuillet ; le lendemain estant arriué en sa
Mission, il prescha à tous les Chrestiens,
& en confessa vn grand nombre, leur disant qu'ils se preparassent à la mort. Le 4.
iour de Iuillet, lors mesme que l'ennemy
parut, il ne faisoit que sortir de l'autel, &
preschoit derechef à ces bons Neophytes
des ioyes du Paradis, & du bonheur de
ceux qui meurent au seruice de Dieu. C'e-
stoit ses derniers entretiens, estant plus
proche de la mort qu'il ne pensoit ; mais

Dieu l'y conduifoit auec autant de faincteté, que s'il en eût eu quelque affeurance.

C'eſt le premier de noſtre Compagnie,
qui foit mort en cette Miffion des Hurons.
Il eſtoit natif de Dieppe, de parens tres-
honneſtes & tres gens de bien; il fembloit
n'eſtre né que pour le falut de ces Peuples, & n'auoit point de defir plus violent
que de mourir pour eux. Nous efperons
que dans le Ciel, tout ce pays aura en fa
perfonne vn puiffant interceſſeur auprés
de Dieu.

Quoy que quelques raifós m'obligeaſſét
peut-eſtre, d'eſtre plus referué à publier
ce qui fuit, toutefois i'ay creu deuoir en
rendre à Dieu la gloire qui luy en eſt deuë.
Ce bon Pere s'apparut aprés fa mort à vn
des noſtres par deux diuerfes fois. En l'vn-
ne il fe fit voir en eſtat de gloire, portant
le vifage d'vn homme d'enuiron trente
ans, quoy qu'il foit mort en l'âge de qua-
rante-huict. La plus forte penfée qu'eut celuy auquel il s'apparut, fut de luy deman-
der, comment la diuine bonté auoit permis, que le corps de fon feruiteur fuſt trait-
té fi indignemént aprés fa mort, & tellement reduit en poudre, que mefme nous

n'euſſions pas eû le bonheur d'en pouuoir recueillir les cendres. *Magnus Dominus, & laudabilis nimis,* reſpondit-il, Oüy Dieu eſt grand, & adorable à tout iamais : il a ietté les yeux ſur les opprobres de ce ſien ſeruiteur, & afin de les recompenſer en Dieu, grand comme il eſt, il m'a donné quantité d'ames qui eſtoient dans le Purgatoire, leſquelles ont accompagné mon entrée, & mon triomphe dans le Ciel.

Vne autrefois il fut veu aſſiſter à vne aſſemblée que nous tenions, touchant les moyens d'auancer la Foy en ces pays : & alors il paroiſſoit nous fortifiant de ſon courage, nous rempliſſant de ſes lumieres, & de l'eſprit de Dieu dont il eſtoit tout inueſty.

Quoy qu'il en ſoit, il nous a laiſſé aprés ſoy l'exemple de toutes ſes vertus, & à tous les Sauuages, meſmes Infideles, vne affection ſi tendre pour ſa memoire, que ie puis dire en verité, qu'il a rauy le cœur de tous ceux qui iamais l'ont connu.

Vne partie de ceux qui s'eſtoient eſchappez de la priſe & incendie de cette Miſſion de Sainct Ioſeph, vinrent ſe refugier proche de noſtre maiſon de Saincte Marie. Le nombre de ceux qui y auoient eſté

tuez

tuez ou emmenez captifs , eſtoit bien
d'enuiron ſept cens ames, la pluſpart de
femmes & enfans. Le nombre de ceux qui
ſe ſauuerent fut bien plus grand. Nous taſ-
châmes de les ſecourir de noſtre pauureté , de reueſtir les nuds , de repaiſtre ces
pauures gens qui ſe mouroient de faim ;
de pleurer auec les affligez , & de les con-
ſoler dans l'eſperance du Paradis. Pourueu que Dieu tire ſa gloire de nos pertes,
elles nous ſeront touſiours aymables ; &
ce nous eſt aſſez ; quoy qui puiſſe nous en
couſter, pourueu que nous voyiõs le nombre des Eſleus s'accroiſtre pour l'eternité,
puiſque c'eſt pour le Ciel que nous tra-
uaillons, & non pas pour la terre.

CHAPITRE II.

Eſtat du Chriſtianiſme en ces Pays, l'Hy-
uer de la meſme année 1648.

LE retour victorieux de la flotte Huronne, qui eſtoit deſcenduë aux trois
riuieres dés le Printemps, & le ſecours de
quatre de nos Peres, & d'vne vingtaine
de François, qui arriuerent heureuſement
icy au commencement du mois de Se-

ptembre, fut vn coup de l'amour de Dieu
fur ces Peuples, & le falut de plufieurs
ames, qu'il vouloit difpofer pour le Ciel.
Car nous eftans veu plus capables de porter plus au loin la parole & le nom de
Dieu, noftre nombre eftant augmenté
de dix-huict de nos Peres que nous eftions
icy, vne quinzaine fe partagerent en onze
diuerfes Miffions, me fentant obligé d'en
enuoyer la plus grande part fans autre
compagnie, finon des Anges tutelaires
de ces Peuples; ayant donné les quatre
Peres nouueaux venus pour feruir de fe-
conds, dans les Miffions les plus laborieu-
fes, où y rendant quelque affiftance, ils y
pûffent en mefme temps apprendre la langue du pays.

De ces onze Miffions, huit ont efté
pour le peuple de la langue Huronne; &
les trois autres pour les Miffions de la langue Algonquine. Par tout, les progrez de
la Foy ont furmonté nos efperances; la
plufpart des efprits, mefme autrefois les
plus farouches, fe rendans fi dociles & fi
fouples à la predication de l'Euangile,
qu'il paroiffoit affez que les Anges y tra-
uailloient bien plus que nous.

Le nombre de ceux qui ont receu le

ſainct Bapteſme depuis vn an, eſt d'enuiron dix-huit cens perſonnes ; ſans y comprendre vne foule de monde qui furent
baptizez par le Pere Antoine Daniel, le
iour de la priſe de Sainct Ioſeph , dont
nous n'auons pû tenir compte : auſſi peu
que de ceux que le Pere Iean de Brebeuf,
& le Pere Gabriel Lalemant, baptizerent
à la priſe des bourgs de la Miſſion de ſainct
Ignace, comme nous dirons cy-aprés. Ce
nous eſt aſſez que le Ciel en ait tenu bon
compte, puiſqu'à vray dire, ces Baptémes
n'ont eſté que pour enrichir l'Egliſe triom-
phante.

Nous ne ſçauons pas encore le ſuccés
d'vne nouuelle Miſſion, que nous commençâmes l'Automne dernier dans vne
Nation Algonquine , eſloignée enuiron
ſoixante lieuës de nous. Vn de nos Peres
y fut enuoyé pour hyuerner auec ces Peuples , qui nous preſſoient depuis quelques
années de les aller inſtruire.

Nous n'auons pû en receuoir aucunes
nouuelles, depuis huit mois qu'il nous
quitta. Ce dont nous ne pouuons douter,
eſt, qu'il y aura eu beaucoup à ſouffrir : mais
ce qui nous conſole, c'eſt que nous ſçauons bien , que par tout les ſouffrances,

ont esté le vray prix de la conuersion des Nations conquises au Royaume de Iesus-Christ. Ces peuples habitent dans vne Isle, qui a de tour enuiron soixante lieuës dedans nostre grand Lac ou Mer douce, tirant vers l'Occident. Cette Isle se nomme *Ekaentoton*, qui a donné le nom aux peuples qui l'habitent: nous l'auons nommé l'Isle de Saincte Marie.

La Mission de la Conception estant plus ancienne que toutes les autres, non seulement a continué de porter les fruits les plus murs pour le Ciel; mais elle s'est tellement formée dans l'esprit veritable du Christianisme, qu'elle a serûy d'exemple & de modele à toutes les autres Nations, qui ont veu en ses mœurs ce que peut la Foy dans vn pays, quoy que Barbare quand il est deuenu Chrestien. Les hommes, les femmes, & les enfans y ont fait vne profession si publique de ce qu'ils vouloient estre iusqu'à la mort, que souuent les nations voisines ne leur donnoient point d'autre nom, sinon en les nommant la Nation des Chrestiens.

En effet, leurs Capitaines y ont esté ardens à soustenir la foy; & toutes les familles s'y sont sousmises si generalement,

que ne restant plus parmy eux que fort
peu d'Infideles, les Chrestiens n'y ont
plus voulu tolerer aucune de leurs ancien-
nes coustumes, qui estoient de reste de
l'Infidelité, ou qui heurtoient les bonnes
mœurs.

Dés le commencement de l'Hyuer, ces
bons Neophytes assemblerent vn Conseil
general, pour conferer des moyens d'af-
fermir la Foy parmy eux. Leur conclusion
fut qu'il falloit venir trouuer le Pere qui
a soin de cette Mission, afin qu'il retran-
chast dans leurs coustumes, celles qui sont
contraires à la Foy; qu'il corrigeast des
autres de soy indifferentes, tout le mal
qui pourroit en quelque façon en corrom-
pre l'vsage : Qu'ils luy obeïroient de tout
poinct, & le regarderoiēt comme portant
la parole de Dieu, & en suitte le premier
de leurs Capitaines. Le meilleur est, qu'ils
ont tenu en cela leur parole, & qu'aux
moindres doutes qui pouuoient suruenir,
les Capitaines mesmes venoient au Pere
pour receuoir ses ordres, & les execu-
ter.

Sur la fin de l'Hyuer, quelques Infideles
plus opiniastres, ayans voulu pour la gue-
rison d'vn malade auoir recours à de cer-

tains remedes, où l'impudicité est comme
dans son regne, les filles tenant à honneur en ces rencontres, de prostituer leur
honneur mesme : on ne pût en trouuer aucune qui voulust y entendre. Quelques
Capitaines Infideles des Nations voisines, qui auoient esté appellez pour fauo-
riser ce dessein & y prester leur voix, furent côtraints de se retirer auec leur con-
fusion, ayans trouué & des cœurs à l'espreuue, & des oreilles qui n'estoient plus
ouuertes que pour les paroles du Ciel.

Voicy vn coup de zele qui m'a paru considerable, en vn vieillard, âgé prés de quatre-vingts ans, qui ne peut auoir de chaleur que ce que la Foy luy en donne. En v-
ne recreation publique, où la coustume
du pays est, qu'aux guerriers entrans dans
vne espece de fureur martiale, il soit permis de rompre & de briser les portes des
cabanes, comme on feroit donnant l'assaut, & attaquant quelque place enne-
mie : vn certain Infidele homme de grand
credit, pour faire vn coup hardy, & croit-
on pour se venger, sous vn pretexte spe-
cieux, de quelque refus que les Chrestiens
luy auoient fait, de quelque chose où ils
y craignoient du peché ; entreprit de rom-

pre la porte de l'Eglise, & d'abattre vn arbre, au haut duquel estoit penduë la cloche qui sonnoit pour le signal des Messes
& des Prieres publiques : & afin de faire
son coup auec plus d'asseurance, cét Infidele alloit penetrant les cabanes, & chan-
tant d'vn ton animé de fureur , que son
songe luy auoit commandé d'abattre la
cloche des François : c'est à dire que selon
les coustumes de ce païs, c'eust esté vn cri-
me inoüy, de s'opposer le moins du monde à l'execution d'vn songe proclamé si
publiquement. Vn bon vieillard Chrestien entendant ces menaces, eut recours
à nostre Seigneur , & l'adorant, luy of-
frit sa vie, plustost que de permettre vne
insolence, qu'il iugeoit deuoir estre à l'opprobre du Christianisme. Aprés auoir fait
sa priere, entendant la voix de l'Infidele
qui s'auançoit la hache en main ; sur le
poinct de rabattre son coup, il se met entre deux: Vn coup de hache, disoit-il, tombera mieux dessus ma teste, que sur vne
maison consacrée à l'honneur de Dieu.
L'Infidele est tout estonné : Non, non, dit
le Chrestien , ie professe publiquement
que pour ma mort, ie ne veux pas qu'on
en tire aucune iustice ; ny le public, ny ce-

luy qui m'aura aſſommé n'en ſeront point
en peine: mais ie ne puis voir de mes yeux
que la ſainĉteté d'vne maiſon, où Dieu eſt
adoré, ſoit ainſi profanée, & que la voix
ſoit abatuë, qui nous inuite à l'inuoquer,
(c'eſt ainſi qu'il nommoit la cloche de l'E-
gliſe.) L'Infidele, qui ſelon la couſtume
de ces Païs, euſt deu pluſtoſt ſe faire maſ-
ſacrer que d'arreſter ſon coup; ſe trouua
ſi ſurpris par cette ſorte d'oppoſition,
que iamais il n'euſt attenduë, qu'il deuint
plus froid que du marbre; admirant & le
zele de ce bon vieillard, & s'admirant ſoy-
meſme, d'auoir trouué vne reſiſtance, &
ſi puiſſante à ſon deſſein, & enſemble ſi
douce, dans vn procedé qui en effeĉt n'a-
uoit rien de la Nature.

Les autres Miſſions ont eſté puiſſam-
ment aidées de ces exemples, qui ont
preſché plus haut que nos paroles. Et ſans
doute que les Anges du Ciel ont pris plai-
ſir de voir en toutes les contrées de ce
païs, la Foy y eſtre reſpeĉtée, & les Chreſtiens y faire gloire de ce nom, qui y eſtoit
en opprobre il n'y a que fort peu d'années.
Pour moy, ie n'euſſe iamais creu pouuoir
voir aprés cinquante ans de trauail, la di-
xiéme partie de la pieté, de la vertu, & de

la sainâeté dont par tout i'ay esté témoin
dans les visites que i'y ay faites de ces E-
glises, qui ont esté se produisant au milieu
de l'Infidelité. Ce m'a esté vne ioye tout à
fait sensible, de voir la diligence des Chrestiens, qui preuenoit le leuer du Soleil,
pour venir aux prieres publiques : & que
ces pauures gens harassez de trauail, vins-
sent à la foule auant la nuit, rendre à Dieu
de nouueaux hommages ; de voir les enfans imiter la pieté de leurs peres, s'ac-
coustumans dans cet âge innocent, d'of-
frir à Dieu leurs peines, leurs douleurs &
leurs petits trauaux. Souuẽt de petites fil-
letes allãt dans la forest y couper quelque
bois de chauffage, n'auoir point d'entretien plus aimable, que de dire leur Cha-
pelet, & d'vne saincte emulation, prendre tout leur plaisir à qui surmonteroit ses
petites compagnes en cette pieté. Mais
ce qui m'a le plus rauy, c'est de voir que
les sentimens de la Foy, soient entrez si
auant dans des cœurs, qu'autrefois nous
appellions Barbares, que ie puis dire en
verité, que la grace y a estouffé en plusieurs, les craintes, les desirs, & les ioyes
les sentimens de la Nature.

Vn petit enfant de six ans estoit extré-

mement malade dans la Miſſion de ſainct
Michel. Sa mere ne pouuant contenir ſes
larmes, voyant l'excés de la douleur, &
les approches de la mort de ce ſien fils vnique : Ma mere, luy dit cet enfant, pour-
quoy pleurez vous? vos larmes ne me ren-
dront pas la ſanté : mais pluſtoſt prions
Dieu enſemble, afin que ie ſois bien-heureux dans le Ciel. Aprés quelques prieres,
Mon fils, luy dit ſa mere, il faut que ie te
porte à Saincte Marie, afin que les François te rendent la ſanté. Helas ma mere,
luy dit ce petit innocent, i'ay vn feu qui
bruſle dans ma teſte, pourroient-ils bien
l'eſteindre ? ie ne ſonge plus à la vie ; n'en
ayez point aucun deſir pour moy : mais ie
vous auertiray de ma mort, & quand elle
ſera proche, ie vous prieray de me porter
à Saincte Marie, car ie veux y mourir, &
y eſtre enterré auec les excellens Chreſtiens. En effet, quelques iours aprés, cet
enfant aduertit ſa mere que ſa mort eſtoit
proche, qu'il eſtoit temps de l'apporter.
C'eſt la couſtume en ces païs, quand quelqu'vn eſt proche de mourir, de faire vn fe-
ſtin ſolennel où on inuite tous les amis,
& les perſonnes les plus conſiderables,
enuiron vne centaine. La mere ne voulut

pas manquer à ce deuoir, desirant aussi
aduertir tout le monde, des sentimens que
son fils auoit pour la Foy. Cet enfant ayant
veu les preparatifs du festin, He quoy! ma
mere, luy dit-il, voulez vous me faire pe-
cher si proche de ma mort; ie renonce à
toutes ces superstitions du païs; ie veux
mourir en bon Chrestien. Cet enfant
croyoit que cette coustume fust au nôbre
des defenduës; & quoy que sa mere ex-
cellente Chrestienne, l'asseurast qu'il n'y
auoit aucun mal en cela, iamais il ne la
voulut croire, & ne put se resoudre à luy
condescendre, que le Pere qui a soin de
cette Mission, ne l'eust asseuré qu'en ce festin il n'y auoit aucun peché. Ce petit An-
ge nous fut apporté, & il mourut entre
nos bras, priant iusqu'à la mort, & nous
disant qu'il alloit droit au Ciel, qu'il prie-
roit Dieu pour nous, & mesme il demanda à sa mere, pour qui de ses parens elle
vouloit qu'il priast dauantage, lors qu'il
seroit auprés de Dieu, que sans doute il
seroit exaucé. Il l'a esté, car peu de temps
aprés sa mort, vn sien oncle des plus rebelles à la Foy qui fust en ces païs, & vne
sienne tante, nous demanderent l'instru-
ction, & se sont faits Chrestiens.

Vne petite fille de cinq ans de la Miſſion de ſainct Ignace, de parens Infideles, venoit tous les iours aux prieres matin & ſoir, & s'eſtoit maintenuë ſi conſtamment dans ce deuoir, meſme contre la volonté, & les defenſes de ſes parens, que nous ne pûmes luy refuſer le Sainct Bapteſme; voyãt que l'eſprit de la Foy ſuppleoit abõdãment en elle, les années qui pouuoient luy manquer, pour diſpoſer auec liberté de ſoy-meſme, en vne affaire où la grace a plus de droit que la nature. Quelque temps aprés, cet enfant tomba malade : les parens Infideles ayans recours aux ſuperſtitiõs du païs, enuoyerẽt querir le Magicien, ou à mieux dire vn impoſteur, qui faiſoit profeſſion de ce meſtier d'enfer. Ce iongleur ne manque pas à ſon ordinaire, de dire qu'vn certain Demon auoit reduit leur fille en cét état; & que pour le chaſſer, il falloit faire preſent à la malade de quelques parures & ornemens d'habits, dont les filles de cét âge ſont aſſez deſireuſes. La petite malade, quoy qu'elle fuſt bien baſſe, eut toutefois aſſez de force, & ſa foy luy donna aſſez de courage pour démétir cet impoſteur: Ie ſuis Chreſtienne, dit elle à ſes parens, les Diables n'ont plus

aucun pouuoir fur moy ; ie ne confens
point au peché que vous venez de faire,
ayant confulté les Demons ; ie ne veux
point de leurs remedes, Dieu feul me gue-
rira ; que ce Magicien fe retire. Les pere
& mere , & toute l'affiftance furent bien
eftonnez de cette reprimende fi innocen-
te, mais toutefois fi efficace , qu'on fit retirer ce iongleur , ne voulans pas attrifter
cette enfãt malade: mais leur eftonnemét
s'accreût lors que le iour mefme cette enfant demanda d'eftre portée à l'Eglife, af-
feurant qu'elle gueriroit, comme en effet
il arriua. Ce coup a efté la conuerfion du
pere & de la mere , qui ont pris la foy
de leur fille, & ont receu le Baptéme aprés
elle, beniffans Dieu de les y auoir appellez
auec tant de douceur.

Vne ieune fille de quinze ans, des plus
accõplies du païs, encore Catechumene,
auoit efté prife captifue fur la fin de l'Hyuer de l'an paffé : mais toutefois les ennemis luy auoient donné la vie, & elle demeuroit auec eux dans fa captiuité. Elle
eftoit fille & fœur de deux excellentes
Chreftiennes qui ne regrettoient rien dauantage dans la perte qu'ils auoient fait,
finon que cette pauure captiue n'eût pas

encore esté baptizée. Elle aussi dans sa captiuité ne s'oublioit pas de sa foy, & souuent s'écrioit à Dieu : Mon Dieu, & le
Dieu de ma mere & de ma sœur qui vous
connoissent mieux que moy, & qui vous
seruent si fidelement, ayez pitié de moy :
ie n'ay pas esté baptizée, faites moy cette
grace auant que de mourir. Vn iour comme cette pauure affligée estoit dans vn
champ de bled d'Inde, qu'elle semoit pour
ceux dont elle estoit esclaue ; elle entendit des voix du Ciel, qui chantoient vne
musique rauissante dans l'air, du chant de
nos Vespres, qu'elle auoit autrefois en-
tenduës. Elle regarde autour de soy,
croyant que quelques François l'abordas-
sent : mais elle ne voit rien autre chose.
Elle se met à genoux, elle prie Dieu de
tout son cœur, & conçoit vne esperance
de se voir deliurée de sa captiuité, sans en
voir les moyens, ny aucune apparence.
Quelques iours par aprés le mesme luy arriua; elle se iette encore à genoux auec les
mesmes sentimens. Enfin ayant pour la
troisiéme fois entendu ces mesmes voix du
Ciel, & sentant ses confiances redou-
blées, & son courage plus animé, elle
prie Dieu, & se iette dans vn chemin qu'el-

Ie ne connoiſſoit pas, pour reuenir en ces païs ; ſans viures, ſans prouiſions, ſans eſcorte, mais non pas ſans la conduite de celuy ſeul qui l'auoit inſpirée, & qui luy donna aſſez de forces pour arriuer icy, ayant fait plus de quatre-vingts lieuës, ſans aucun mauuais rencontre.

Elle nous demanda le Baptéme dés le iour de ſon arriuée, & voyant la main de Dieu ſur elle auec tant d'amour, nous ne pûmes la differer. Elle eſtoit venuë droit en cette maiſon de Sainéte Marie, quoy que ſon chemin plus court l'euſt porté au bourg d'où eſtoient ſes parens. Du depuis elle a touſiours augmenté en feruecur, & ne peut ſe laſſer de raconter à tout le monde les miſericordes de Dieu. Souuent dans ſa captiuité elle ſe veid ſollicitée à ce qu'elle ne pouuoit accorder ſans perdre l'innocence, & iamais on ne pût tirer de ſa bouche, meſme vn ſeul mot d'agréement. Iuſque-là meſme que la voyant de cette humeur, qui ne plaiſoit pas à ces Barbares impudiques, d'aucuns auoient ſouuent parlé de l'aſſommer; & elle attendoit cette mort auec patience, aimant mieux mourir que de commettre aucun peché.

Ce chapitre n'auroit point de fin, ſi ie

voulois raconter les effects de la grace sur
ces pauures Sauuages, que nous admi-
rons tous les iours, & dont nous benirons
Dieu à tout iamais dans le Ciel, sans lassi-
tude & sans dégoust. Ie ne puis toutefois
omettre vn sentiment assez vniuersel de
quantité de bons Chrestiens, qui ayans
perdu tout leur bien, leurs enfans, & ce
qu'ils auoient de plus cher en ce monde,
sur le poinct mesme de prendre vn exil vo-
lontaire de leur pays qu'ils abandon-
noient, pour éuiter la cruauté des Iroquois leurs ennemis ; en remercioient
Dieu, & luy disoient : Mon Dieu soyez
beny, ie ne puis regretter ces pertes depuis que la Foy m'a appris, que l'amour
que vous auez pour les Chrestiens, n'est
pas pour les biens de ce monde, mais pour
l'eternité; ie vous beny dedans mes pertes, d'aussi bon cœur que i'aye iamais fait;
car vous estes mon Pere, & c'est assez que
ie sçache que vous m'aymez, afin d'estre
content de tous les maux qui me peuuent
arriuer.

Mais ce qui m'estonne le plus en ces
rencontres, c'est que ces sentimens ne
viennent pas sur le tard, aprés que la nature & la passion auroient eu les premiers
mouue-

mouuemens du cœur: la grace fouuent les preuient, & fe rend la maiftreffe, mefme des premieres faillies qui fe portent vers le Ciel, plus promptement qu'aux chofes de la terre. Que Dieu en foit beny à tout iamais.

CHAPITRE III.

De la prife des Bourgs de la Miffion de S. Ignace, au mois de Mars de l'année 1649.

LES progrez de la Foy alloient croiffant de iour en iour, & les benedictions du Ciel découloient en abondance fur ces peuples, lors que Dieu a voulu en tirer fa gloire par des voyes adorables, & qui font du reffort de fa diuine prouidence, quoy qu'elles nous ayent efté bien rudes, & qu'elles ne fuffent pas dans nos attentes.

Le 16. iour de Mars de la prefente année 1649. a donné commencement à nos malheurs, fi toutefois c'eft vn malheur, ce qui fans doute a efté le falut de plufieurs des effeus de Dieu.

C

Les Iroquois ennemis des Hurons, au nombre d'enuiron mille hommes, armez à l'auantage, & la plufpart d'armes à feu, qu'ils ont des Hollandois leurs alliez, arriuerent de nuict à la frontiere de ce pays, fans qu'on euft eu aucune cognoiffance de leurs approches ; quoy qu'ils fuffent partis de leur pays depuis l'Automne, chaffans dans les forefts tout le long de l'Hyuer, & ayans fait deffus les neges prés de deux cens lieuës d'vn chemin tres-penible pour nous venir furprendre. Ils reconnurent de nuit l'eftat de la premiere place fur laquelle ils auoient deffein, qui eftoit entourée d'vne paliffade de pins, de la hauteur de quinze à feize pieds, & d'vn foffé profond, dont la nature auoit puiffamment fortifié ce lieu par trois coftez, ne reftant qu'vn petit efpace plus foible que les autres.

Ce fut par là que l'ennemy fit irruption à la pointe du iour, mais fi fecretement & promptement, qu'il eftoit maiftre de la place auant qu'on fe mift en defenfe, le monde eftant alors dans vn profond fommeil, & n'ayant pas eu le loifir de fe reconnoiftre. Ainfi ce bourg fut pris quafi fans coup ferir, n'y ayant eu que dix Iro-

quois de tuez, tous les Hurons, hommes,
femmes & enfans ayant esté vne partie
massacrez sur l'heure mesme, les autres
faits captifs, & reseruez à des cruautez
plus terribles que la mort.

Trois hommes seulement s'eschape-
rent quasi nuds à trauers les neges; qui
porterent l'allarme & l'espouuente à vn
autre bourg plus prochain, éloigné enuiron d'vne lieuë. Ce premier bourg estoit
celuy que nous nommions de Sainct Ignace, lequel auoit esté abandonné de la pluspart de son monde dés le commencement
de l'Hyuer; les plus craintifs & les plus
clair-voyans s'en estant retirez dans l'ap-
prehension du danger: ainsi la perte n'en
fut pas si considerable, & ne monta qu'enuiron à quatre cens ames.

L'ennemy ne s'arreste pas là, il pour-
suit dedans sa victoire, & auant le Soleil
leué il se presente en armes, pour attaquer le bourg de Sainct Louys, fortifié
d'vne palissade assez bonne. Les femmes
pour la pluspart, & les enfans n'en faisoient que sortir, au bruit de la nouuelle
qui estoit arriuée des approches de l'Iroquois. Les gens de meilleur cœur enuiron quatre-vingts personnes, resolus de se

bien defendre, repouffent auec courage
le premier & le fecond affaut, ayans tué à
l'ennemy vne trêtaine de fes hommes les
plus hazardeux, outre quantité de bleffez.
Mais enfin le nombre l'emporte, les Iroquois ayans fappé à coups de haches la paliffade de pieux, & s'eftans fait paffage
par des bréches affez raifonnables.

Sur les neuf heures du matin, nous ap-
perceûmes de noftre maifon de Sainéte
Marie, le feu qui confumoit les cabanes
de ce bourg, où l'ennemy entré victorieux auoit tout mis dans la defolation,
iettant au milieu des flammes les vieillards, les malades, les enfans qui n'a-
uoient pas pû fe fauuer, & tous ceux qui
eftant trop bleffez, n'euffent pas pû les fui-
ure dans la captiuité. A la veuë de ces flâ-
mes, & à la couleur de ia fumée qui en for-
toit, nous iugeafmes affez de ce qui en
eftoit, ce bourg de Sainét Louys n'eftant
pas efloigné de nous plus d'vne lieuë.
Deux Chreftiens qui s'efchaperent de
l'incendie, arriuerent quafi au mefme
temps, & nous en donnerent affeurance.

Dans ce bourg de Sainét Louys eftoient
alors deux de nos Peres, le Pere Iean de
Brebeuf, & le Pere Gabriel Lallement,

qui auoient soin de cinq bourgades assez voisines, lesquelles ne faisoient qu'vne des onze Missions, dont nous auons parlé cy-dessus ; nous la nommions la Mission de S. Ignace.

Quelques Chrestiës auoient prié les Peres de conseruer leur vie pour la gloire de Dieu, ce qui leur eût esté aussi facile, qu'à plus de 500. personnes qui sortirent à la premiere alarme, & eurent tout loisir d'arriuer en lieu de seureté, mais leur zele ne leur pût permettre, & le salut de leur troupeau leur fut plus cher que l'amour de leur vie. Ils employerent tous les momens de ce temps-là, comme les plus precieux qu'ils eussent iamais eu au monde ; & pendant la chaleur du combat, leur cœur n'estoit que feu pour le salut des ames. L'vn estoit à la bréche baptizant les Catechumenes, l'autre donnant l'absolution aux Neophytes, tous deux animans les Chrestiens à mourir dans les sentimens de pieté, dont ils les consoloient dans leurs miseres. Aussi iamais leur foy ne fut plus viue, ny l'amour qu'ils eurent pour leurs bons Peres & leurs Pasteurs.

Vn Infidele voyant les affaires dans le desespoir, parla de prendre la fuite : vn

Chreſtien nommé Eſtienne Annaotaha,
le plus conſiderable du pays pour ſon courage, & ſes exploits ſur l'ennemy, ne voulut iamais le permettre. He quoy, dit-il,
pourrions nous bien abandonner ces deux
bons Peres, qui pour nous ont expo-
ſé leur vie ? L'amour qu'ils ont eu de noſtre ſalut, ſera la cauſe de leur mort : il
n'eſt plus temps pour eux de fuir à trauers
les neges ? mourons donc auec eux, &
nous irons de compagnie au Ciel.

Cet homme s'eſtoit confeſſé generalement fort peu de iours auparauant, ayant
eu vn preſentiment du danger où il ſe veid
enucloppé ; & diſant qu'il vouloit que la
mort le trouuaſt diſpoſé pour le Ciel. Et
en effet, il s'eſtoit mis dans la ferueur d'v-
ne façon ſi extraordinaire, auſſi bien que
quantité d'autres Chreſtiens, que iamais
nous ne pourrons aſſez en benir les conduites de Dieu ſur tant d'ames predeſti-
nées, dont ſa diuine Prouidence va con-
duiſant auec amour tous les momens, &
de la vie & de la mort.

Toute cette troupe de Chreſtiens tom-
berent pour la pluſpart en vie, entre les
mains de l'ennemy, & auec eux nos deux
Peres Paſteurs de cette Egliſe. Ils ne fu-

rent pas tüez sur le lieu, Dieu les reseruoit
à des couronnes bien plus grandes, dont
nous parlerons cy-aprés.

L'Iroquois ayant fait son coup, & tout
reduit en feu le bourg de Sainct Louys, re-
tourna sur ces pas dans le bourg de Sainct
Ignace, où ils auoient laissé vne bonne
garnison, afin que ce leur fust vne retraite
asseurée en cas de malheur ; & que les ví-
ures qu'ils y auoient trouuez, leur seruis-
sent de rafraischissemens, & de prouisions
pour leur retour.

Le soir du mesme iour ils enuoyerent
des découureurs pour reconnoistre l'estat
de nostre maison de Saincte Marie ; lesquels ayans fait leur rapport dans le Conseil de guerre, la conclusion fut prise de
venir nous attaquer le lendemain matin,
se promettans vne victoire, qui leur seroit
plus glorieuse, que tous les succcez de leurs
armes par le passé. Nous estions en estat
de bonne defense, & ne voyons aucun de
nos François, qui ne fust resolu de vendre
bien cher sa vie, & de mourir en vne cause,
qui estant pour les interests de la Foy, &
le maintien du Christianisme en ces pays,
estoit plus la cause de Dieu que la nostre :
aussi nostre plus grande confiance estoit
en luy.   C iiij

Cependant vne partie des Hurons qui s'appellent Atinniaoenten (c'eſt à dire la nation de ceux qui portent vn Ours en leurs armoiries) ayans armé en haſte, ſe trouuerent le lendemain matin dixſeptiéme de Mars, enuiron trois cens guerriers qui attendans vn plus puiſſant ſecours, ſe tenoient ſecretement aux auenuës, à deſſein de ſurprédre quelque part l'ennemy.

Enuiron deux cens Iroquois s'eſtans détachez de leur gros pour prendre le deuant, & venir commencer l'attaque de noſtre maiſon, eurent an rencontre quelques auant-coureurs de cette troupe Huronne, qui prirent aſſez toſt la fuite, aprés quelque eſcarmouche, & furent pourſuiuis viſuement iuſqu'à la veuë de noſtre fort ; quantité ayant eſté tuez dans le deſordre au milieu des neges. Mais les plus courageux des Hurons, ayans tenu pied ferme contre ceux qui s'attacherent au combat auec eux, eurent du bon de leur coſté, & contraignirent l'Iroquois de ſe refugier dans la paliſſade du bourg de Sainct Louys, laquelle n'auoit point eſté bruſlée, mais ſeulement les cabanes. On força ces Iroquois dans cette paliſſade, & on en prit enuiron trente de captifs.

Le gros des ennemis ayant entendu la défaite des siens, vint fondre sur nos gens tout au milieu de leur victoire. C'estoit l'élite des Chrestiens du bourg de la Conception, & quelques autres du bourg de la Magdelaine. Leur courage ne s'abbatit pas, quoy qu'ils ne fussent qu'enuiron cent cinquante. Ils se mettent en prieres, & soustiennent l'assaut d'vne place, qui ayant esté si fraischement prise & reprise, n'estoit plus d'vne defense raisonnable. Le choc fut furieux de part & d'autre, nos gens ayans fait quantité de sorties, nonobstant leur petit nombre, & ayans contraint l'ennemy souuent de lascher pied. Mais le combat ayant continué assez auant dans la nuit, ne restant plus qu'vne vingtaine de Chrestiens blessez pour la pluspart, la victoire demeura entiere entre les mains des Infideles, quoy qu'elle leur eut cousté bien cher ; leur Chef ayant esté griefuement blessé, & y ayans perdu prés de cent hommes sur la place, de leurs meilleurs courages.

Toute la nuit nos François sont en armes, attendans de voir à nos portes cet ennemy victorieux. Nous redoublons nos deuotions, qui estoient le plus fort de nos esperances, noſtre ſecours ne pouuant venir que du Ciel. Nous voyans à la veille de la feſte du glorieux Sainct Ioſeph, Patron de ce pays, nous nous ſentiſmes obligez d'auoir recours à vn Protecteur ſi puiſſant. Nous fiſmes vœu de dire tous les mois chacun vne Meſſe en ſon honneur, l'eſpace d'vn an entier, pour ceux qui ſeroient Preſtres : Et tous tant qu'il y auoit de monde icy, y ioignirent par vœu diuerſes Penitences, afin de nous diſpoſer plus ſainctement à l'accompliſſement des volontez de Dieu ſur nous, ſoit pour la vie, ſoit pour la mort : nous conſiderans tous comme autant de victimes conſacrées à Noſtre Seigneur, qui doiuent attendre de ſa main l'heure qu'elles ſeront immolées pour ſa gloire, ſans entreprendre d'en retarder, ou de vouloir en haſter les momens.

Tout le iour ſe paſſa dans vn profond ſilence de part & d'autre ; le pays eſtant dans l'effroy, & dans l'attente de quelque nouueau malheur.

Le dixneufieſme, iour du grand Sainct Ioſeph, vne eſpouuente ſubite ſe ietta dans le camp ennemy, les vns ſe retirans auec deſordre, les autres ne ſongeans qu'à

la fuite. Leurs Capitaines furent contraints d'obeyr à la terreur qui les auoit
faifis. Ils precipitent leur retraite, faifant
fortir en hafte vne partie de leurs captifs,
chargez au deffus de leurs forces, comme
des cheuaux de voiture, des dépoüilles
qu'emportoient les victorieux, qui refer-
uoient à quelque autre occafion de les faire mourir.

Pour les autres captifs qui leur reftoient
deftinez à mourir fur le lieu, ils les attacherent à des pieux fichez en terre, qu'ils
auoient difpofez en diuerfes cabanes, où
en fortant du bourg, ils mirent le feu de
tous coftez; prenans plaifir à leur depart,
de fe repaiftre des cris efpouuentables que
pouffoient ces pauures victimes au milieu
de ces flammes, où des enfans grilloient
à cofté de leurs meres; où vn mary voyoit
fa femme roftir auprés de foy, où la cruauté mefme euft eu de la compaffion, dans
vn fpectacle qui n'auoit rien d'humain, finon l'innocence de ceux qui eftoient au
fupplice, dont la plufpart eftoient Chreftiens.

Vne vieille femme efchapée du milieu
de cet incendie, en porta les nouuelles au
bourg de Sainct Michel, où il y auoit en-

uiron sept cens hommes en armes, qui courrent sus à l'ennemy : mais n'ayans pû l'atteindre aprés deux iournées de chemin ; partie le manquement de viures, partie la crainte de combattre sans auantage vn ennemy encouragé de ses victoires, & qui auoient pour la plussart des armes à feu, nos Hurons en ayans fort peu ; toutes ces choses les obligerent de retourner sur leurs pas, sans auoir rien fait. Ils trouuerent sur les chemins de temps en temps diuers captifs, qui n'ayãs pas assez de force pour suiure le vainqueur, qui precipitoit sa retraite, auoient eu la teste fenduë d'vn coup de hache, les autres restoient demy bruslez à vn poteau.

CHAPITRE IV.

De l'heureuse mort du P. Iean de Brebeuf, & du Pere Gabriel Lallement.

DEz le lendemain matin que nous eûmes asseurance du depart de l'ennemy, ayant eu auant cela des nouuelles certaines, par quelques captifs eschapez, de la mort du Pere Iean de Brebeuf, & du Pere Gabriel Lallement, nous en-

uoyaſmes vn de nos Peres, & ſept autres
François, chercher leurs corps au lieu de
leur ſupplice. Ils y trouuerent vn ſpectacle
d'horreur, les reſtes de la cruauté meſme:
ou pluſtoſt les reſtes de l'amour de Dieu,
qui ſeul triõphe dans la mort des Martyrs.

Ie les appellerois volontiers, s'il m'eſtoit
permis, de ce nom glorieux, non pas
ſeulement à cauſe que volontairement,
pour l'amour de Dieu, & pour le ſalut de
leur prochain, ils ſe sõt expoſez à la mort,
& à vne mort cruelle ſi iamais il y en eût
au monde; ayans pû facilement & ſans peché, mettre leur vie en aſſeurance, s'ils
n'euſſent eſté plus remplis de l'amour de
Dieu, que d'eux-meſmes. Mais bien plû-
toſt à cauſe qu'outre les diſpoſitions de
charité qu'ils y ont apporté de leur part,
la haine de la Foy, & le meſpris du nom
de Dieu, ont eſté vn des motifs des plus
puiſſans, qui ait agi dans l'eſprit des Barbares, pour exercer ſur eux autant de
cruautez que iamais la rage des tyrans en
ait fait endurer aux Martyrs, qui ont
triomphé & de la vie & de la mort, dans le
plus fort de leurs ſupplices.

Dés le moment qu'ils furent pris captifs, on les dépoüilla nuds, on leur arra-

cha quelques ongles, & l'accueil dont on les receut entrant dans le bourg S. Igna-ce, fut d'vne gresle de coups de bastons sur leurs espaules, sur les reins, sur les iam-bes, sur l'estomac, sur le ventre, & sur le visage, n'y ayant partie de leur corps qui n'eût deslors enduré chacune só tourmêt.

Le Pere Iean de Brebeuf accablé sous la pesanteur de ces coups, ne perdit pas pour tout cela le soin de son troupeau; se voyant entouré de Chrestiens qu'il auoit instruits, & qui estoient dans la captiuité auec luy. Mes enfans, leur dit-il, leuons les yeux au Ciel dans le plus fort de nos douleurs, souuenons nous que Dieu est le tesmoin de nos souffrances, & en sera bien-tost nostre trop grande recompense. Mourons dans cette foy, & osperons de sa bonté l'accomplissement de ses promes-ses. I'ay pitié plus de vous que de moy; mais soustenez auec courage le peu qui re-ste de tourmens; ils finiront auec nos vies; la gloire qui les suit n'aura iamais de fin. Echon, luy dirent-ils, (c'est le nom que les Hurons donnoient au Pere) nostre es-prit sera dans le Ciel, lors que nos corps souffriront en terre. Prie Dieu pour nous qu'il nous fasse misericorde, nous l'inuoquerons iufqu'à la mort.

Quelques Infideles Hurons, anciens captifs des Iroquois, naturalifez auec eux,
& anciens ennemis de la Foy, furent irri-
tez de ces paroles, & de ce que nos Peres
dans leur captiuité n'auoient pas la langue captiue. Ils coupent à l'vn les mains,
ils percent l'autre d'alaines aiguës, & de
pointes de fer, ils leur appliquent fous les
aixelles & fur les reins, des haches toutes
rouges de feu, & leur en mettent vn col-
lier à l'entour du col, en forte que tous les
mouuemens de leurs corps leur donnoient vn nouueau fupplice : car voulans
fe pancher en deuant, les haches toutes
en feu qui pendoient par derriere, leur
brufloient toutes les efpaules ; & s'ils pen-
foient à éuiter cette douleur, fe plians vn
peu en arriere, leur eftomac, & leur poictrine trouuoient vn femblable tourment;
de demeurer tous droits fans pancher de
cofté ny d'autre, ces haches ardentes ap-
pliquées également de tous coftez leur
eftoient vn double fupplice. Ils leur mirent des ceintures d'efcorce toute pleine
de poix & de rafine, où ils mirent le feu
qui grilla tout leurs corps.

Dans le plus fort de ces tourmens, le

Pere Gabriel Lallement leuoit les yeux
au Ciel, ioignant les mains de fois à autres, & iettant des soûpirs à Dieu qu'il in-
uoquoit à son secours. Le Pere Iean de
Brebeuf souffroit comme vn rocher, in-
sensible aux feux & aux flammes, sans
pousser aucun cry, & demeurant dans vn
profond silence, qui estonnoit ses bourreaux mesmes ; sans doute que son cœur
reposoit alors en son Dieu. Puis reuenant
à soy, il preschoit à ces Infideles, & plus
encore à quantité de bons Chrestiens captifs, qui auoient compassion de luy.

Ces bourreaux indignez de son zele,
pour l'empescher de plus parler de Dieu,
luy cernerent la bouche, luy couperent
le nez, & luy arracherent les léures : mais
son sang parloit bien plus haut que n'a-
uoient fait ses léures, & son cœur n'estant
pas encore arraché, sa langue ne laissa pas
de luy rendre seruice iusqu'au dernier soûpir, pour benir Dieu de ces tourmens, &
pour animer les Chrestiens plus puissam-
ment qu'il n'auoit iamais fait.

En derision du sainct Baptesme, que
ces Bons Peres auoient administré si cha-
ritablement mesme à la bresche, & au plus
chaud de la meslée ; ces malheureux, ennemis

nemis de la Foy, s'aduiſerent de les baptizer d'eau boüillante. Tout leur corps
en fut ondoyé plus de deux & trois fois,
auec des railleries piquantes qui accom-
pagnoient ces tourmens. Nous te bapti-
zons, diſoient ces miſerables, afin que tu
ſois bienheureux dans le Ciel; car ſans vn
bon Bapteſme on ne peut pas eſtre ſauué.
D'autres adiouſtoient en ſe mocquant,
Nous te traitons d'amy, puiſque nous ſerons cauſe de ton plus grand bonheur là
haut au Ciel : remercie nous de tant de
bons offices, car plus tu ſouffriras, plus
ton Dieu t'en recompenſera.

C'eſtoient des Hurons Infideles, anciens captifs des Iroquois, anciens ennemis de la Foy, qui autrefois ayans eu aſſez
d'inſtruction pour leur ſalut, en meſ-v-
ſoient auec impieté, en effet pour la gloire des Peres; mais il eſt bien à craindre
que ce ne fuſt auſſi pour leur propre malheur.

Plus on redoubloit ces tourmens, les
Peres prioient Dieu que leurs pechez ne
fuſſent pas la cauſe de la reprobation de
ces pauures aueugles, auſquels ils pardon-
noient de tout leur cœur. C'eſt bien maintenant qu'ils diſent en repos, *Tranſiuimus*

per ignem, & aquam, & eduxisti nos in re-
frigerium.

Lors qu'on les attacha au poteau, où ils souffrirēt ces tourmens, & où ils deuoient mourir, ils se mirent à genoux, ils l'embrasserent auec ioye, & le baiserent saintctement comme l'obiet de leurs desirs, de leurs amours, & vn gage asseuré, & le dernier de leur salut. Ils y furent quelque temps en prieres, & plus long-temps que ces bourreaux ne voulurent leur en permettre. Ils creuerent les yeux au Pere Gabriel Lallement, & appliquerent des charbons ardens dans le creux d'iceux.

Leurs supplices ne furent pas en mesme temps. Le Pere Iean de Brebeuf fut dans le fort de ses tourmens enuiron trois heures, le mesme iour de sa prise le 16. iour de Mars, & rendit l'ame sur les quatre heures du soir. Le Pere Gabriel Lallement endura plus longtemps, depuis les six heures du soir, iusqu'enuiron neuf heures du lendemain matin dixseptiesme de Mars.

Auant leur mort, on leur arracha le cœur à tous deux, leur ayant fait vne ouuerture au dessus de la poictrine; & ces Barbares s'en repeûrent inhumainement, beuuant leur sang tout chaud, qu'ils puisoient en fa fource d'vne main facrilege. Eftans encore tout pleins de vie , on enleuoit des morceaux de chair de leurs cuiffes , du gras des iambes & de leurs bras , que ces bourreaux faifoient roftir fur des charbons , & les mangeoient à leur veuë.

Ils auoient tailladé leurs corps en diuerfes parties , & pour accroiftre le fentiment de la douleur, ils auoient fourré dans ces playes des haches toutes en feu.

Le Pere Iean de Brebeuf auoit eu la peau arrachée qui couure le crane de la tefte : ils luy auoient coupé les pieds , & décharné les cuiffes iufqu'aux os , & luy auoient fendu d'vn coup de hache , vne machoire en deux.

Le Pere Gabriel Lallemēt auoit receu vn coup de hache fur l'oreille gauche , qu'ils luy auoiēt enfoncé iufque dans la ceruelle qui paroiffoit à découuert; nous ne vifmes aucune partie de fon corps , depuis les pieds iufqu'à la tefte qui n'eut efté grillée, & dans laquelle il n'eut efté bruflé tout vif; mefme les yeux où ces impies auoient fourré des charbons ardens.

Ils leur auoient grillé la langue , leur mettant à diuerfes fois dans la bouche, des tifons enflammez , & des flambeaux d'é-

D ij

corce : ne voulans pas qu'ils inuoquaſſent en mourant, celuy pour lequel ils ſouffroient, & qui iamais ne pouuoit mourir en leur cœur. I'ay ſceu tout cecy de perſonnes dignes de foy, qui l'ont veu, & me l'ont rapporté à moy-meſme, & qui alors eſtoient captifs auec eux, mais qui ayant eſté reſeruez pour eſtre mis à mort en vn autre temps, ont trouué les moyens de ſe ſauuer.

Mais laiſſons ces obiets d'horreur, & ces monſtres de cruauté ; puis qu'vn iour toutes ces parties ſeront douées d'vne gloire immortelle, que la grandeur de leurs tourmens ſera la meſure de leur bonheur, & que dés maintenant ils viuent dans le repos des Sainéts, & y ſeront pour vn iamais.

Nous enſeueliſmes ces pretieuſes reliques, le Dimanche 21. iour de Mars, auec tant de conſolation, & des ſentimés de deuotion ſi tendres, en tous ceux qui aſſiſterent à leurs obſeques, que ie n'en ſçache aucun qui ne ſouhaittaſt vne mort ſemblable, pluſtoſt que de la craindre ; & qui ne ſe creuſt tres-heureux de ſe voir en vn lieu, où peut-eſtre à deux iours de là, Dieu luy feroit la grace de répandre & ſon ſang,

& fa vie en vne pareille occafion. Pas vn
de nousne pût iamais gagner fur foy, de
prier Dieu pour eux, cõme s'ils en euffent
eu quelque befoin : mais noftre efprit fe
portoit incontinent au Ciel, où il ne dou-
toit point que ne fuffent leurs ames. Quoy
qu'il en foit, ie prie Dieu qu'il accomplif-
fe deffus nous fes volontez iufqu'à la mort,
comme il a fait en leurs perfonnes.

Le Pere Gabriel Lallement eftoit venu
le dernier au combat, & toutefois a rauy
heureufement vne des premieres couronnes. Ie veux dire, que n'y ayant que fix
mois qu'il eftoit arriué en cette Miffion
des Hurons, & le dernier de tous ; il a efté
choifi de Dieu pour eftre vne des premieres victimes immolées à la haine du nom
Chreftien, & de la Foy.

Il y auoit plufieurs années qu'il deman-
doit à Dieu auec des larmes & des foûpirs,
d'eftre enuoyé en cette Miffion du bout du
monde, nonobftant fa complexion tres-
delicate, & que fon corps n'eût point de
forces, finon ce que l'efprit de Dieu, &
le defir de fouffrir pour fon nom poũ-
uoient luy en donner. Ie ne puis enuier
au public vn efcrit fecret de fa main, que
i'ay trouué aprés fa mort, des motifs qu'il

auoit eus de fouhaitter fi ardemment l'employ de ces Miſſions. Voicy ſes propres
termes.

C'eſt mon Dieu mon Sauueur, 1. pour
me reuancher des obligations que ie vous
ay : car fi vous auez abandonné vos con-
tentemens, vos honneurs, voſtre ſanté,
vos ioyes & voſtre vie, pour me ſauuer
moy miſerable ; n'eſt-il pas plus que rai-
ſonnable que i'abandonne à voſtre exemple toutes ces choſes, pour le ſalut des a-
mes que vous eſtimez voſtres, qui vous ont
couſté voſtre ſang, que vous auez aymées
iuſqu'à la mort, & deſquelles vous auez
dit, *Quod vni ex minimis meis feciſtis, mihi feciſtis.*

2. Quand bien meſme ie ne ſerois point
émeu par vn eſprit de gratitude, à vous
faire ces holocauſtes de moy-meſme, ie le
ferois de tout mon cœur en conſideration
des grandeurs de voſtre adorable Maieſté,
& de voſtre bonté infiniment infinie, qui
merite qu'vn homme s'immole à voſtre
ſeruice, & qu'il ſe perde heureuſement
ſoy-meſme, pour accomplir fidelement
ce qu'il iuge eſtre de voſtre volonté ſur
luy, & des inſpirations particulieres qu'il
vous plaiſt luy donner, pour le bien de vo-

ſtre plus grande glòire.

3. Puis que i'ay eſté ſi miſerable que de
tant offenſer voſtre bonté, ô mon Iᴇsᴠs,
il eſt iuſte de vous ſatisfaire par des peines
extraordinaires : & ainſi ie dois marcher
deuant voſtre face, le reſte de ma vie, le
cœur humilié & contrit dans la ſouffran-
ce des maux, que vous auez le premier
ſoufferts pour moy.

4. Ie ſuis redeuable à mes parens, à ma
mere, à mes freres, & ie dois attirer ſur
eux les effets de vos miſericordes. Mon
Dieu ne permettez iamais qu'aucun de
cette famille, pour laquelle vous auez eu
tant d'amour, périſſe en voſtre preſence,
& qu'il ſoit du nombre de ceux qui vous
doiuent blaſphemer eternellement. Que
ie ſois pour eux la victime, *Quoniam ego in
flagella paratus ſum ; hîc vre, hîc ſeca, vt in
æternum parcas.*

5. Oüy mon Iᴇsᴠs, & mon amour, il
faut auſſi que voſtre ſang verſé pour les
Barbares auſſi bien que pour nous, ſoit appliqué efficacement pour leur ſalut ; &
c'eſt en quoy ie veux cooperer à voſtre
grace, & m'immoler pour eux.

6. Il faut que voſtre nom ſoit adoré, que
voſtre Royaume ſoit eſtendu par toutes les

Nations du monde ; & que ie consomme ma vie pour retirer des mains de Satan voftre ennemy, ces pauures ames, qui vous ont coufté & voftre fang & voftre vie.

7. Enfin s'il eft raifonnable, que quelqu'vn fe porte d'amour à donner ce contentement à Iefus-Chrift, au peril de cent mille vies, s'il en auoit autant, auec la perte de tout ce qui eft de plus doux, & agreable à la nature ; tu ne trouueras iamais perfonne qui foit plus obligé à l'entreprendre que toy. Sus donc, mon ame, perdons nous faintement, pour donner ce contentement au cœur facré de Iefus-Chrift ; il le merite, & tu ne peux t'en difpenfer, fi tu ne voulois viure & mourir ingrate à fon amour.

Ce font là les motifs qui auoient animé fon zele à venir mourir auec nous, au milieu de cette barbarie. Il n'eftoit rien de plus innocent que luy, ayant quitté le monde dés fa tendre ieunefle : & depuis dixneuf ans qu'il eftoit Religieux de noftre Compagnie, ayant toufiours marché auec vne confcience fi pure, que la moindre ombre, ie ne diray pas du peché, mais des penfées qui en approchent, & qui n'ont rien de criminel, ne feruoit que pour l'ayder à s'vnir dauantage à Dieu.

Depuis son arriuée icy dans les Hurons, il s'estoit appliqué auec tant d'ardeur à apprendre vne langue ingrate, si iamais il y en eut au monde, & en suite y auoit fait tant de progrez, que nous ne doutions point que Dieu ne voulust se seruir de luy en ces païs, pour l'aduancement de sa gloire. Sa charité ne trouuoit point de difference entre l'estude des sciences plus hautes, qui l'auoient occupé iusqu'alors, & les difficultez espineuses d'vne langue barbare, qui n'a rien d'attrayant, sinon autant que le zele du salut du prochain y fait rencontrer de beautez. Ce n'est pas vne des peines des plus petites en ces païs, qu'il faille deuenir enfant pour apprendre à parler à l'âge de 39. ans.

Aprés tout, sa course a esté bien-tost consommée, mais en ce peu de temps, il a remply les attentes que la terre & le Ciel pouuoient auoir de ses trauaux. Il est mort en la cause de Dieu, & a trouué en ces païs, la Croix de Iesus-Christ, qu'il y cherchoit, dont il a porté dessus soy les marques bien sanglantes

Quoy que quittant le monde, il eût quitté la part que sa naissance luy donnoit à des charges honorables : toutefois ie puis dire auec verité, que la robbe qu'il a empourprée de son sang, est mille fois plus pretieuse que la pourpre, & les plus hautes esperances, que le monde luy eust pû promettre.

Il nasquit à Paris, le 31. d'Octobre de l'année 1610. Il entra en nostre Compagnie le 24. de Mars de l'année 1630. Il y est mort dans vn lict de gloire le 17. de Mars de la presente année 1649. Les Hurons le nommoient Atironta.

CHAPITRE V.

Quelques remarques sur la vie du Pere Iean de Brebeuf.

LE Pere Iean de Brebeuf auoit esté choisi de Dieu, pour estre le premier Apostre des Hurons, le premier de nostre Compagnie qui y ait mis le pied, & qui n'y ayant pas trouué vn seul Sauuage qui inuoquast le nom de Dieu, y a si heureusement trauaillé pour le salut de ces pauures Barbares, qu'auant sa mort il a eu la consolation d'y voir prés de sept mille baptizez, & la Croix de Iesus-Christ, arborée

par tout auec gloire, & adorée en vn païs,
qui depuis la naiſſance du monde n'auoit
iamais eſté Chreſtien.

Il fut enuoyé en la Nouuelle France l'ann-
née 1625. par le Reuerend Pere Pierre
Coton; & pour ſon coup d'eſſay, pour ſon
premier apprentiſſage, il hyuerna errant
dedans les bois, auec les peuples Monta-
gnez plus voiſins de Kebec, où il eut
beaucoup à ſouffrir, attendant l'Eſté de
l'année ſuiuante 1626. qu'il monta icy
aux Hurons, deuorant les difficultez de
ces langues barbares, auec vn ſuccés ſi
heureux, qu'il ſembloit n'eſtre né que pour
ces païs, accommodant ſon naturel, &
ſon humeur aux façons d'agir de ces peuples, auec tant de conduite, ſe faiſant tout
à tous pour les gagner à Ieſus-Chriſt, qu'il
leur auoit rauy le cœur, & y eſtoit vniquement aymé, lors qu'il fut contraint de retourner en France l'année 1629. les Anglois s'eſtans rendus les maiſtres de ce
païs, & ne voulans pas y ſouffrir les Predicateurs de la Foy.

L'Anglois ayant eſté contraint de laſ-
cher priſe, & ſe retirer d'vn païs qu'il oc-
cupoit iniuſtement ; le meſme Pere y fut
renuoyé l'année 1633. en laquelle il ſe veïd

obligé d'hyuerner encore à Kebec, n'ayāt
pû monter aux Hurons que la fuiuante
année; defia maiftre en la langue, & remply des efperances qu'il auoit de la conuerfion de ces peuples.

Il falloit vn homme accomply pour vne
fi haute entreprife, & fur tout d'vne fainteté eminente. C'eft ce qu'il ne voyoit pas
en foy-mefme, mais ce que tous ceux qui
l'ont connu ont toufiours admiré en luy ;
vne vertu à qui rien ne manquoit, & qui
fembloit luy eftre naturelle; quoy que ce
qui paroiffoit au dehors, ne fuft rien en
comparaifon des threfors de grace, dont
Dieu l'alloit enrichiffant de iour en iour,
& des faueurs qu'il luy faifoit.

Souuent Noftre Seigneur s'eft apparu
à luy, quelquefois en eftat de gloire, mais
d'ordinaire portant fa Croix, ou bien y
eftant attaché; qui imprimoit de dans fon
cœur des defirs fi ardens de beaucoup
fouffrir pour fon nom, que quoy qu'il eut
beaucoup fouffert en mille occafions, des
peines, des fatigues, des perfecutions, des
douleurs; tout ne luy eftoit rien, & fe plaignoit de fon malheur, croyant que iamais
il n'auoit rien fouffert, & que Dieu ne le
trouuoit pas digne de luy faire porter la

moindre partie de sa Croix.

Noſtre Dame luy eſt auſſi tres-ſouuent apparuë, qui d'ordinaire laiſſoit en ſon ame des deſirs de ſouffrir, mais auec des douceurs ſi grandes, & vne telle ſouſmiſſion aux volontez de Dieu, qu'en ſuite ſon eſprit en demeuroit dans vne paix profonde, & dans vn ſentiment eſleué des grandeurs de Dieu, l'eſpace de pluſieurs iours.

L'année 1640. qu'il paſſa tout l'Hyuer en Miſſiō dans la Nation Neutre, vne grāde croix luy apparut, qui venoit du coſté des Nations Iroquoiſes. Il le dit au Peré qui l'accompagnoit ; lequel luy demandant quelques particularitez plus grandes de cette apparition, il ne luy reſpondit autre choſe, ſinō que cette croix eſtoit ſi grande, qu'il y en auoit aſſez pour attacher non ſeulement vne perſonne, mais tous tant que nous eſtionsen ces païs.

Il auoit eu commandement d'eſcrire ces choſes extraordinaires, qui ſe paſſoient en luy, au moins celles dont il pourroit plus aiſément ſe reſſouuenir, car elles eſtoient trop frequentes, & le ſoin du ſalut du prochain, à peine luy donnoit-il quelque loiſir d'écrire de fois à autre. Voicy les deux dernieres choſes que i'ay trouuées dans ſes memoires.

Quantité de croix me font apparuës, que i'embraſſois toutes tres - volontiers. La nuit ſuiuante eſtant en oraiſon, me conformant aux volontez de Dieu ſur moy, & luy diſant, *Fiat voluntas tua, Domine quia me vis facere?* i'ay entendu vne voix qui m'a dit, *Tolle, Lege.* Le iour eſtant venu, i'ay pris en main le petit liure de l'Imitation de Ieſus-Chriſt, &ſans deſſein ie ſuis tombé ſur le chapitre *De regiâ viâ ſanéta crucis.* Depuis ce temps-là, i'ay ſenty dans mon ame vne grande paix, & vn repos dans les occaſions de ſouffrir.

Sur le ſoir eſtãt en oraiſon deuãt le tres-ſaint Sacrement, i'ay veu en eſprit ſur mes habits, & ſur les habits de tous nos Peres, ſans qu'aucun en fuſt excepté, des taches toutes de ſang, ce qui m'a laiſſé dans vn ſentiment d'admiration.

Nous n'en ſçauons pas dauantage, & ſi peut-eſtre Dieu n'a point voulu nous aduertir, & par ces croix, & par ce ſang, qu'il nous fera la meſme grace, dont il a voulu recompenſer les merites de ce bon Pere, de mourir pour ſon nom, & de répandre noſtre ſang pour l'eſtabliſſemẽt de ſa gloire. Quoy qu'il en ſoit, nous le prions que sa tres-sainte volonté soit accomplie sur nous iusqu'à la mort.

Ce bon Pere se sentoit tellement porté de procurer la gloire de Dieu, & n'auoir que cela en veuë, que plus d'onze ans auant sa mort, il s'obligea par vœu, de faire & de patir tout ce que le reste de sa vie il pourroit reconnoistre deuoir estre à la plus grande gloire de Dieu ; vœu qu'il renouuelloit tous les iours à l'autel, au temps de la tres-sainte Communion.

Du depuis ie ne voy rien de plus frequent dans ses memoires, que les sentimens qu'il auoit de mourir pour la gloire de Iesus-Christ. *Sentio me vehementer impelli ad moriendum pro Christo.* Desirs qui luy continuoient les huit & les dix iours de suitte. Enfin voulant se faire vn holocauste, & vne victime consacrée à la mort : & afin de preuenir plus saintement le bon-heur du martyre qui l'attendoit, il s'y voüa par vœu qu'il conceut en ces termes :

Quid retribuam tibi, Domine mi Iesu, pro omnibus quæ retribuisti mihi? Calicem tuum accipiam, & nomen tuum inuocabo. Voueo ergo in conspectu æterni Patris tui, sanctique Spiritus, in conspectu sacratissimæ Matris tuæ, castissimíque eius sponsi Iosephi; coram Angelis,

Apostolis & Martyribus, sanctisque meis pa-
rentibus Ignatio, & Francisco Xauerio; Vo-
ueo inquam tibi, Domine mi Iesu, si mihi vn-
quam indigno famulo tuo, Martyrij gratia mi-
sericorditer à te oblata fuerit, me huic gratiæ
non defuturum: sic vt in posterum licere mihi
nunquam velim, aut quæ sese offerent morien-
di pro te occasiones declinare, (nisi ita fieri ad
maiorem gloriam tuam indicarem) aut iam in-
flictum mortis ictum, non acceptare gaudenter.
Tibi ergo Domine mi Iesu, & sanguinem &
corpus, & spiritum meum iam ab hac die gau-
denter offero, vt pro te si ita dones; moriar;
qui pro me mori dignatus es. Fac vt sic viuam,
vt ita mori tandem me velis. Ita Domine cali-
cem tuum accipiam; & nomen tuum inuocabo.
Iesu, Iesu Iesu.

Mon Dieu & mon Sauueur Iesus, que
pourray-ievous rendre pour tous les biens,
dont vous m'auez preuenu? Ie prendray
de voftre main le calice de vos fouffrances, & i'inuoqueray voftre Nom. Ie fais
donc vœu en la prefence de voftre Pere
Eternel, & du Saint Efprit, en la prefence de voftre Mere tres-facrée, & de fon
tres-chafte efpoux Sainct Iofeph, deuant
les Anges, les Apoftres & Martyrs, & mes
bien-heureux Peres Sainct Ignace, & S.
Fran-

François Xauier : oüy , mon Sauueur Iefus, ie vous fais vœu de ne iamais manquer
de mon cofté à la grace du martyre, fi par
voftre infinie mifericorde vous me la pre-
fentez quelque iour, à moy voftre indigne
feruiteur. Ie m'y oblige en telle façon, que
ie pretés que tout le refte de ma vie, ce ne
me foit plus vne chofe licite, qui demeure en ma liberté , de fuir les occafions de
mourir , & de refpandre mon fang pour
vous. (N'eftoit que dans quelque rencontre ie iugeaffe pour lors, qu'il fuft des in-
terefts de voftre gloire , de m'y comporter
autrement.) Et quand i'auray receu le
coup de mort, ie m'oblige à l'accepter de
voftre main , auec tout l'agréement , & la
ioye de mon cœur. Et partant, mon aimable Iefus, ie vous offre dés auiourd'huy ,
dans les fentimens de ioye que i'en ay , &
mon fang, & mon corps, & ma vie; afin
que ie ne meure que pour vous , fi vous me
faites cette grace, puifque vous auez bien
daigné mourir pour moy. Faites que ie
viue en telle façon , qu'enfin vous m'o-
ctroyïez cette faueur, de mourir fi heureufement. Ainfi mon Dieu, & mon Sauueur,
ie prendray de voftre main le calice de
vos fouffrances , & i'inuoqueray voftre

E

Nom, IESVS, IESVS, IESVS.

Souuent les Infideles ont confpiré fa mort. Si quelque malheur eftoit arriué au païs, c'eftoient les Iefuites qui en eftoient la caufe, & Echon le premier de tous. Si la pefte regnoit, & fi les maladies contagieufes depeuploient quelques bourgs, c'eftoit luy qui par fes fortileges faifoit venir ces Demons de l'enfer, auec lefquels on l'accufoit d'auoir commerce. La famine ne paroiffoit icy que par fes ordres; & fi la guerre ne leur eftoit pas fauorable, c'eftoit Echon qui auoit des intelligences fecrettes auec leurs ennemis, qui fous main receuoit d'eux des penfions pour trahir le païs, & n'eftoit venu de la France, finon pour exterminer tous les peuples auec lefquels il agiroit, fous le pretexte d'y venir annoncer la Foy, & de procurer leur bonheur. En vn mot, le nom d'Echon a efté l'efpace de quelques années, tellement en horreur, qu'on s'en feruoit pour efpouuenter les enfans, & fouuent on a fait croire à des malades, que fa veuë eftoit le Demon qui les auoit enforcelez, & qui donnoit le coup de mort. Mais fon heure n'eftant pas venuë, tous ces mauuais deffeins qu'on auoit contre luy, ne feruoient qu'à

augmenter sa confiance en Dieu, & faire
qu'il marchaft tous les iours comme vne
victime consacrée à la mort, qu'il n'attendoit qu'auec amour, mais dont il n'ozoit
pas aduancer les momens.

Noftre Seigneur luy donna souuent à
connoiftre, qu'il nous tenoit en sa prote-
ction, & que les puiffances d'enfer pouuoient bien entrer en rage contre nous,
mais qu'elles n'eftoient pas déchainées.
L'année 1637. qu'on crioit par tout le païs,
au meurtre! & au maffacre! comme fi nous
euffions efté les autheurs des maladies
contagieufes qui rauageoient par tout,
& qu'on auoit conclu de nous exterminer,
vne troupe de Demons s'apparurent diuerfes fois à luy, tantoft comme des hommes qui entroient en fureur, d'autresfois
comme des monftres efpouuentables, des
ours, des lions, des cheuaux indomp-
tez, qui veulent fondre deffus luy. Ces
fpectres ne luy donnoient aucune horreur,
ny aucun mouuement de crainte; il iettoit fa confiance en Dieu. Il leur difoit,
Faites fur moy ce que Dieu vous permet,
car fans fa volonté vn cheueu ne tombera
pas de ma tefte. Et à ces mots, tous ces
Demons difparoiffoient en vn moment.

D'autrefois il voyoit la mort attachée les mains par derriere, à vn poteau, proche de luy, qui taschoit de s'élancer auec fureur : mais ne pouuant pas rompre les liens dont il la voyoit retenuë, elle tomboit à ses pieds sans force, & sans vigueur, ne pouuant pas luy nuire.

L'année 1640. estant à la Nation Neutre, il dit vn soir au Pere qui estoit auec luy, que la mort comme vne squelette décharnée, s'estoit presentée à luy en le menaçant, & ne sçachant que cela vouloit dire, il fut bien estonné que le lendemain matin, vn de nos bons amis, Capitaine du bourg où ils estoient, vint apporter les nouuelles à nos Peres, qu'vn Huron Infidele nommé Aoenhokoui, fraischement arriué à la Nation Neutre, & deputé des anciens du pays, ayant conuoqué le Conseil, y auoit fait present de neuf haches (ce sont en ce païs de grandes richesses) à ce qu'ils assommassent nos Peres, & que les consequences de ce meurtre ne pussent pas tomber sur les Hurons. Cette affaire auoit occupé le Conseil toute la nuit, mais enfin les Capitaines de la Nation Neutre, ne voulurent pas y entendre.

Il puiſoit cet eſprit de confiance en Dieu dans l'oraiſon, dans laquelle il eſtoit ſouuent tres-eſleué, vn ſeul mot luy donnant de l'entretien les heures entieres; non pas à ſon eſprit, de l'inaction duquel il ſe plaignoit pour l'ordinaire; mais à ſon cœur, qui ſauouroit les eternelles veritez de la Foy, & qui s'y tenoit attaché auec repos, auec amour & auec ioye : & nonobſtant cette facilité d'entretien auec Dieu, il ſe preparoit à l'oraiſon, auſſi exactement que feroit vn Nouice dans ſes premiers commencemens.

Le iour, les neceſſitez du prochain ne luy permettant pas de vacquer ſeul à ſeul auec Dieu, ſelon l'eſtenduë des deſirs de ſon cœur, il preuenoit l'heure ordinaire, ſe leuant de tres-grand matin ; quoy que pour le meſme ſuiet, il perçait tous les iours bien auant dans la nuit, iuſqu'à ce que la nature n'en pouuant plus, & le ſommeil le contraignant de ſuccomber, il ſe couchoit à terre, tout habillé comme il eſtoit, vne piece de bois luy ſeruant de cheuet, & ne donnant au corps, que ce qu'il n'euſt pas pû luy dénier en conſcience. Tantoſt ie treuue en ſes eſcrits, que Dieu dans l'oraiſon l'a détaché de tous les ſens,

& l'a vny à foy, tantoſt qu'il a eſté rauy en Dieu, & l'embraſſoit auec effort; d'autresfois il dit, que tout ſon cœur s'eſt tranſporté en Dieu par des eſlans d'amour qui eſtoient extatiques. Mais ſur tout, cet amour eſtoit tendre à l'endroit de la ſacrée perſonne de Ieſus-Chriſt, & de Ieſus-Chriſt patiſſant.

Souuent il ſentoit cet amour, comme vn feu, qui s'eſtant enflammé dans ſon cœur, alloit croiſſant de iour en iour, & conſumant en luy l'impureté de la nature, pour y faire regner l'eſprit de grace, & l'eſprit adorable de Ieſus-Chriſt.

Aux feſtes de la Pentecoſte de l'année 1640. eſtant de nuit en oraiſon, en la preſence du tres-ſainct Sacrement, il ſe veid en vn moment inueſti d'vn grand feu, qui bruſloit ſans rien conſumer, toutes les choſes qui eſtoient là autour de luy: & tandis que ces flammes durerent, il ſe ſentoit interieurement enflammé de l'amour de Dieu, plus ardemment qu'il n'auoit iamais fait.

Il a eu quantité de notables apparitions de Noſtre Dame, de Sainct Ioſeph, des Anges & des Saincts. Il voyoit vn iour vne haute montagne toute couuerte de S^{tes}

Vierges, qui eftoient dans la gloire, en forte que depuis le pied de la montagne iufqu'au fommet, les rangs alloient diminuant, iufqu'à ce qu'ils fuffent reduits à l'vnité, qui eftoit Noftre Dame, affife fur le fommet de cette colline.

Quelquesfois à la venë des feuls habits, dont la tres-faincte Vierge luy apparoiffoit eftre veftuë, & des franges qui pendoient au bas de fa robe, il eftoit tellement occupé, & abforbé des éclats de fa gloire, qu'il n'ozoit pas leuer les yeux plus haut, crainte d'eftre opprimé de l'excés des lumieres qui iailliroient de fon vifage.

Mais ce n'eftoient pas là les graces qu'il defiroit, ny qu'il euft iamais defirées. Et il tenoit ces faueurs là fi fecretes & cachées, finon à ceux aufquels il ne pouuoit en confcience rien celer., que iamais il n'en a parlé, ny mefme donné à qui que ce foit le moindre indice. Et la conclufion qu'il en tiroit à chaque fois, eftoit de s'en humilier dauantage., de fe défier de foy-mefme, de s'eftimer le moindre de la maifon, & de craindre que le Diable ne le trompaft. Enfin iamais il ne s'eft conduit par ces veuës, quoy que fouuent Dieu luy eût

E   iiij

donné à connoiſtre les choſes eſloignées,
& meſme luy donnaſt de grandes lumieres dans le ſecret des conſciences, & le
profond des cœurs. Mais il ſe conduiſoit
vniquement ſur les principes de la Foy,
par les mouuemens de l'obeïſſance, & les
lumieres de la raiſon.

Vn iour parlãt en oraiſon à N. Seigneur,
& luy diſant, *Domine, quid me vis facere?* il
entendit cette reſponſe que Ieſus-Chriſt
fit autrefois à S. Paul: *Vade ad Ananiam, &*
ipſe dicet tibi quid te oporteat facere: & depuis
ce temps-là il fut ſi confirmé dans les re-
ſolutions qu'il auoit, de ne chercher iamais autre conduite que celle de l'obeyſ-
ſance ; que ie puis dire en verité, que cette vertu eſtoit parfaite en luy : ne regar-
dant que Dieu en la perſonne du Superieur, luy découurant ſon cœur auec vne
ſimplicité d'enfant ; vne docilité entiere
aux reſponſes qu'on luy donnoit, acquie-
ſçãt ſans reſiſtance à tout ce qui luy eſtoit
dit, quoy que contraire à ſes inclinations
naturelles : non ſeulement pour ce qui paroiſſoit aux yeux des hommes, mais dans
le profond de ſon cœur, où il ſçauoit que
Dieu recherchoit la veritable obeyſſan-
ce.

Il disoit qu'il n'estoit propre qu'à obeyr,
& que cette vertu luy estoit naturelle ; à
cause que n'ayant pas grand esprit, &
grande prudence, & qu'estant incapable
de se conduire soy-mesme, il auoit autant
de plaisir à obeyr, qu'vn enfant qui n'a pas
assez de forces pour marcher, prend plaisir à se laisser porter dans le sein de sa mere, en quelque lieu qu'il faille aller. *Agno-
ui in me nullum esse talentum* (dit-il en vn
papier qu'il escriuit l'année 1631.) *tantùm
pronum esse me ad obediendum, mihi visus sum
aptus ad ianuam custodiendam, ad triclinium
parandum, ad culinam faciendam. Geram me
in Societate, ac si essem mendicus, per gratiam
admissus in Societatem, & omnia mihi cogitabo
fieri ex mera gratiâ.* Et toutefois il estoit
d'vn tres-excellent iugement, & d'vne
prudence aussi saincte, & autant dégagée
des passions, qui nous trompent pour l'ordinaire, que ie l'admirois tous les iours
dans la conduite des affaires, dont on le
consultoit, ou dont on luy donnoit le maniement.

Il auoit demandé entrant en la Compagnie, d'estre Frere Coadiuteur ; & auant
que faire ses vœux, il le proposa derechef,
s'estimant indigne du Sacerdoce, & tres-

propre pour les offices les plus hūbles, deſ-
quels en effet il s'acquittoit excellemmēt,
toutes les fois qu'on l'y a appliqué, ſoit par
neceſſité, ſoit quelquefois pour obeyr en
cela à ſon humilité. Mais il n'eſtoit pas
moins capable des grandes choſes. Et lors
qu'il a eſté Superieur de cette Miſſion, &
que i'ay eu le bien d'eſtre ſous luy, i'admirois ſa conduite, ſa douceur qui gagnoit
les cœurs, ſon courage vrayement genereux dans les entrepriſes, ſa longanimité
à attendre les momens de Dieu, ſa patience à tout ſouffrir, & ſon zele à tout entreprendre ce qu'il voyoit pour la gloire de
Dieu.

Il eſt bien vray que ſon humilité luy faiſoit embraſſer auec plus d'amour, plus de
ioye, & ie puis dire auec plus d'inclina-
tion de nature, les choſes les plus hum-
bles, & les plus penibles; ſi on eſtoit en vn
voyage, il portoit les plus peſans fardeaux;
s'il falloit aller par canaux, il ramoit depuis le matin iuſqu'au ſoir : c'eſtoit luy qui
ſe iettoit tout le premier à l'eau, & en ſor-
toit tout le dernier, nonobſtant les ri-
gueurs du froid & des glaces; ſes iambes
nuës en eſtoient toutes rouges, & ſon
corps tout tranſi. Il eſtoit le premier leué

pour faire le feu & la cuisine, & le dernier
couché de tous, acheuant de nuit ses prieres, & ses deuotions : & quelque harassé
qu'il fust, quelques fatigues qu'il suppor-
tast, par des chemins qui font horreur, &
dans lesquels les corps les plus robustes
perdent courage ; aprés tous les trauaux
du iour, & quelquefois de trente iours de
suite, sans repos, sans rafraischissemens,
sans relasche, souuent mesme n'ayant pas
le moyen de prēdre vn seul repas auec loisir; il trouuoit toutefois le loisir de s'acqui-
ter de tout ce que nos regles demāderoiét
d'vn homme, qui ne seroit point dans ces
empressemés, n'obmettant aucune de ses
deuotions ordinaires, quelque occupa-
tion qui luy pust suruenir. Aussi disoit-il
quelquefois, que Dieu nous donnoit le
iour pour agir auec le prochain, & les
nuits pour conuerser auec luy. Et ce qui
estoit de plus remarquable dans ces fatigues, qu'il prenoit dessus soy, c'est qu'il
le faisoit si paisiblement, & si adroite-
ment, qu'on eust cru à le voir, que sa nature y eust trouué son compte. Ie suis vn
bœuf, disoit-il faisant allusion à son nom,
& ne suis propre qu'à porter la charge.

Aux souffrances continuelles, qui sont

inseparables des emplois qu'il auoit dans les Missions, dans les voyages, en quelque lieu qu'il fust ; & à celles que la charité luy faisoit embrasser souuent au dessus de ses forces, quoy qu'au dessous de son courage ; il y adioustoit quantité de mortifications volontaires, des disciplines iournalieres, & souuent deux fois chaque iour, des ieusnes tres-frequens, des cilices, des ceintures de pointes de fer, des veilles qui perçoient bien auant dans la nuit. Et aprés tout son cœur ne pouuoit se rassasier des souffrances, & il croyoit n'auoir iamais rien enduré. Fort peu d'années auant sa mort, escriuant de soy-mesme, il en parle en ces termes : *Timui meam reprobationem, eò quòd nimis suauiter hactenus mecum egerit Deus, tunc benè de mea salute sperabo, cùm patiendi occasiones se dederint.* I'ay eu crainte que ie ne sois du nombre des reprouuez, voyant que Dieu m'a traité iusqu'à maintenant auec tant de douceur : alors i'espereray que Dieu me voudra faire misericorde, lors que sa bonté me fournira les occasions de souffrir quelque chose pour son amour. Et toutefois nous pouuons dire que sa vie n'a esté qu'vne suite de croix, & de souffrances.

Quand il luy arriuoit quelque humilia-
tion, il en beniſſoit Dieu, & en reſſentoit
vne ioye interieure, diſant à ceux auſquels
il ne pouuoit cacher tous les mouuemens
de ſon cœur, que ce n'eſtoient pas des
humiliations pour luy, à cauſe qu'en quelque bas lieu qu'il puſt eſtre, il ſe voyoit
touſiours plus haut qu'il ne vouloit; & qu'il
auoit autant de pente à deſcendre touſiours plus bas, qu'vne pierre qui iamais
n'a de pente à monter. Auſſi prioit-il les
Superieurs de l'humilier; & le bon eſt, que
quand pour cooperer à la grace de Dieu
ſur luy, on ne l'eſpargnoit pas, on trouuoit touſiours vn eſprit eſgal, vn cœur content, & vn viſage tout remply de douceur.

Cette douceur eſtoit en luy la vertu qui
ſembloit ſurnager au deſſus de toutes les
autres, elle eſtoit à l'eſpreuue de tout. Depuis douze ans que ie l'ay connu, que ie
l'ay veu ſuperieur, inferieur, eſgal à tout
le monde; tantoſt dans les affaires tempo-
relles, tantoſt dans les trauaux, & les fatigues des Miſſions, agiſſant auec les Sauuages Chreſtiens, Infideles, Ennemis;
dans les ſouffrances, dans les perſecutions
& calomnies, iamais ie ne l'ay veu ou en

cholere, ou mefme dans l'apparence de
quelque indignation. Souuent mefme
quelques-vns ont voulu le picquer exprés,
& le furprendre dans les chofes qu'ils
croyoient luy deuoir eftre plus fenfibles :
mais toufiours fon œil eftoit bening, fes
paroles dans la douceur, & fon cœur dans
le calme. Auffi Noftre Seigneur luy auoit
donné nommément cette grace.

L'année 1634. faifant les Exercices Spirituels de la Compagnie, noftre Seigneur
s'apparut à luy couronné d'épines, & luy
dit ces mots : *Habebis deinceps vnctonem
Spiritus in verbis tuis:* Tu auras dorefnauãt
en tes paroles l'onction du Sainct Efprit.
Et l'année 1640. en fon action de grace a-
prés la faincte Meffe, il veid & fentit vne
main qui oignoit & fon cœur, & les puiffances de fon ame, d'vn baume facré. *Ex
qua vifione, fumma animi mei pax, & tran-
quillitas, confecuta eft,* adioufte-t'il dans fes
memoires.

Fort peu de iours aprés cette vifion, vne
fedition s'eftant efleuée contre nous dans
le bourg Sainct Iofeph, dans laquelle il
auoit efté bien battu, & auec luy quelques-
vns de nos Peres : les Capitaines mefmes
eftans les boute-feux qui allumoient la fe-

dition, animans la populace contre nous,
qui nous chargeoit d’iniures, & mena-
çoit de nous brusler. Le soir comme le Pere remercioit Dieu de tout ce qui estoit
arriué, sentant toutefois en son cœur
quelque detresse, prouenant de la crainte
que ces malheureux n’empeschassent les
progrés de la Foy: Nostre Dame luy apparut, qui auoit le cœur transpercé de trois
espées : & en mesme temps il sentit vne
voix interieure, qui luy disoit que la tres-
saincte Vierge auoit tousiours esté parfai-
tement sousmise aux volontez de Dieu,
quoy que souuent son cœur eust esté bien
auant dans l’affliction, & qu’il deuoit la
prendre en son aduersité , pour exemple de ce que Dieu vouloit de luy.

L’huile de cette douceur n’esteignoit
point les ardeurs de son zele , mais plû-
tost elle l’enflammoit, & estoit vn des
moyens des plus puissans, que Dieu luy
eust donné pour gagner les cœurs à la
Foy. Il le reconnoist luy mesme en ces termes, dans quelques remarques qu’il escri-
uoit l’année 1638. faisant vne reueuë de
l’estat de son ame. Dieu, dit-il, par sa bonté , m’a donné vne mansuetude , benigni-
té & charité, à l’endroit de tout le monde:

vne indifference à quoy que ce soit ; vne
patience à souffrir les aduersitez : & sa mé-
me bonté a voulu que par ces talens qu'il
m'a donnez, ie m'aduãce en la perfection,
& que ie conduise les autres à la vie eter-
nelle. Et partant, adiouste-t'il, ie feray do-
resnauant mon examen particulier, voyãt
si en effet ie fais vn bonvsage de ces talens,
dont ie suis responsable.

Voicy vne chose bien remarquable, qui
luy arriua l'année 1640. durãt le temps de
sa retraite pour les Exercices Spirituels ;
il l'escrit en ces termes : Enuisageant l'e-
normité de mes pechez, & leur nombre
innombrable, i'ay veu Nostre Seigneur,
qui d'vne misericorde infinie, m'estendoit
ses bras amoureux pour m'embrasser ; qui
me pardonnoit le passé, & s'oublioit de
mes pechez ; qui ressuscitoit en mon ame,
& ses dons & ses graces ; qui m'appelloit à
son amour, & me disoit ce qu'autrefois il
a dit à Sainct Paul, *Vas electionis est iste, vt*
portet nomen meum in gentibus, ostendam ibi
quanta oporteat eum pro nomine meo pati. Entendant ces paroles, ie l'en ay remercié,
ie m'y suis offert, & luy ay dit, *Quid me vis*
facere ? fac me virum secundum cor tuum, nihil
me in posterum separabit à charitate tua, non nu-
ditas,

ditas, non gladius, non mors, &c.

C'estoit dans l'ardeur de ce zele, qu'il s'offroit tres-souuent à Dieu, à souffrir tous les martyres du monde, pour la conuersion de ces peuples. O mon Dieu, que n'estes vous connu ! escriuoit-il quelque temps auant de mourir ; que ce pays Barbare n'est-il tout conuerty à vous ! que le peché n'en est-il aboly ! que n'estes vous aimé ! Oüy, mon Dieu, si tous les tourmens que les captifs peuuent endurer en ces païs, dans la cruauté des supplices, deuoient tomber sur moy, ie m'y offre de tout mon cœur, & moy seul ie les souffriray.

En vn autre endroit, il escrit ces mots: Deux iours consecutifs i'ay ressenty en moy vn grand desir du martyre, & d'endurer tous les tourmens que les Martyrs ont soufferts.

Ce qui luy donnoit ce courage, estoit d'vn costé la défiance de soy-mesme, & & d'autre part la confiance en Dieu, dans la conformité entiere qu'il auoit à ses diuines volontez. Vn iour luy demandant si estant pris des Iroquois, il n'auroit pas vne repugnance bien grande, s'ils le faisoient dépoüiller nud ? Non, me respon-

dit-il, car ce feroit la volonté de Dieu; & a-
lors ie ne fongerois pas à moy mefme, mais
à Dieu. Luy demandant s'il n'auoit point
d'horreur du feu ? Ie le craindrois, dit-il, fi
i'enuifageois ma foibleffe ; car la picqueure d'vne mouche feroit capable de m'im-
patienter : mais i'efpere que Dieu m'affi-
ftera toufiours, & aydé de fa grace, ie ne
crains pas plus les tourmens effroyables
du feu, que la picqueure d'vne efpingle.

Ie n'aurois iamais fait, de parcourir les
vertus qui eftoient en luy. Ie puis dire a-
uec verité, que i'ay de quoy en compofer
vne vie toute entiere, qui feroit pleine de
lumieres, qu'il auoit tres-grandes dans les
voyes de la faincteté, & des faueurs de
Dieu fur luy, qui eftoient extraordinaires ; & de la fidelité continuelle, auec laquelle il correfpondoit à ces graces, auffi
bien dans les petites chofes, que dans les
grandes ; car il n'eftimoit rien de petit au
feruice de Dieu.

Sa pauureté eftoit fi dépoüillée, que
mefme il n'auoit pas vne feule medaille,
ny quoy que ce foit en ce monde, dont il
vouluft auoir l'vfage, finon pour la feule
neceffité. L'année 1637. noftre Seigneur
luy fit voir vn fuperbe Palais, richement

basty, dans des beautez inconceuables, &
tant de varietez si surprenantes, qu'il en
estoit tout rauy hors de soy, & ne pouuoit
pas se comprendre soy mesme. Comme ce
Palais estoit vuide, n'y ayant personne dedans, il luy fut donné à entendre, qu'il e-
stoit preparé pour ceux qui demeuroient
dans de pauures cabanes, & qui s'y étoient
condamnez pour l'amour de Dieu. Ce
qui le consola beaucoup.

Sa chasteté estoit à l'espreuue, & en cette matiere ses yeux estoient si fideles à son
cœur, qu'ils n'auoient point de veuë pour
les obiets, qui eussent pû endommager la
pureté. Son corps n'estoit point rebelle
à l'esprit, & au milieu de l'impureté mesme, qui regne ce semble en ce païs, il vi-
uoit dans vne innocence aussi grande, que
s'il fust demeuré au milieu d'vn desert in-
accessible à ce peché. Vne femme se pre-
senta vn iour à luy, en vn lieu assez escar-
té, luy portant vne parole deshonneste, &
le souffle d'vn feu qui ne pouuoit venir
que d'vn tison d'enfer. Le Pere se voyant
ainsi attaqué, fit sur soy le signe de la
croix, sans respondre aucun mot, & ce
spectre déguisé sous habit d'vne femme,
disparut au mesme moment.

F ij

La pureté de sa conscience estoit comme la prunelle de l'œil qui ne peut souffrir la moindre petite poussiere, ny vn seul grain de sable. Dés l'année 1630. il escrit qu'il ne sentoit en soy-mesme aucune attache à aucun peché veniel, ny le moindre plaisir du monde ; que sa volonté en estoit esloignée comme de son plus grand ennemy, & qu'il choisiroit plustost toutes les peines des enfers, que le moindre peché. Et toutefois vn peu aprés le mesme iour, il adiouste ces mots: *N e me Deus tan-quam infructuosam arborem succideret, oraui vt me dimitteret adhuc hoc anno, & promisi me meliores fructus allaturum.* Crainte que Dieu ne me coupast par la racine, comme vn arbre sans fruit, ie l'ay prié qu'il me laissast encore cette année sur pied, & luy ay promis que ie luy porterois des fruits meilleurs que par le passé.

Il luy eschappa vne fois de dire à vn de nos Peres, que depuisqu'il étoit aux Hurós, il n'auoit recherché pas mesme vne seule fois son goust au manger. Pour moy, quoy que ie l'aye pratiqué tres-intimement, autant qu'homme du monde, ie n'ay iamais pû reconnoistre en luy aucune faute, non seulement qui fust peché, mais non pas

mefme. contre la moindre de nos Regles.
Auffi c'eftoit vn de fes bons propos depuis
prés de vingt ans: *Difrumpar potiùs quàm vt
voluntariè regulam vllam infringam.* Et cette exactitude n'eftoit pas feulement en ce
qui paroiffoit à la veuë, mais penetroit
dans le plus profond de fon cœur. *Nullum
in corde commercium mihi habendum cum crea-
turis.* Tout le commerce de mon cœur fera auec Dieu, les creatures ne me feront
plus rien. *Numquam quiefcam , numquam
dicam fatis ;* ie ne prendray aucun repos,
iamais ie ne diray que i'auray affez fait.

Plus de quinze ans auant que de mourir,
dans les memoires qu'il efcriuoit, faifant
la reueuë de fa confcience de mois en
mois, voicy ce qu'il dit de foy-mefme: Ie
fens en moy vn grand defir de mourir,
pour iouïr de Dieu ; ie fens vne grande
auerfion de toutes les chofes creées, qu'il
faudra quitter à la mort. C'eft en Dieu feul
que repofe mon cœur, & hors de luy tout
ne m'eft rien, finon pour luy.

Sa mort a couronné fa vie, & la perfeue-
rance a efté le cachet de fa fainteté. Il eft
mort âgé de 56. ans. Il nafquit le 25. de
Mars de l'année 1593. iour de l'Annoncia-
tion de Noftre Dame, d'honneftes parens,

dans le Diocese de Bayeux.Il entra en noſtre Compagnie l'année 1617. le cinquié-
me iour du mois d'Octobre. Il eſt mort en
preſchant, & faiſant les fonctions vrayement Apoſtoliques , & d'vne mort que
meritoit le premier Apoſtre des Hurons.
Son martyre fut accomply le 16. iour de
Mars de la preſente année 1649.

CHAPITRE VI.

*Eſtat preſent du Chriſtianiſme , & des
moyens de ſecourir ces Peuples.*

EN ſuite des pertes arriuées , vne partie du pays des Hurons s'eſt veuë dans
la deſolation, quinze bourgs ont eſté a-
bandonnez, chacun ſe diſſipant où il a pû
dans les bois & foreſts, dans les lacs & riuieres , & dans les Iſles plus inconnuës à
l'ennemy. Les autres ſe ſont retirez dans
les Nations voiſines,plus capables de ſoû-
tenir les efforts de la guerre.En moins de
quinze iours , noſtre Maiſon de Saincte
Marie ſe veid dépoüillée de tous coſtez
& l'vnique qui reſta ſur pied , dãs ces lieux
de terreur, plus expoſez aux incurſions de
l'ennemy:ceux qui auoiẽt quitté leurs an-

ciennes demeures, y ayans mis le feu eux-mefmes, crainte qu'elles ne feruiffent de retraite & de fortereffes aux Iroquois.

Ce qui augmente la mifere publique, c'eft que la famine a efté grande cette année en toutes ces contrées, plus qu'on ne l'auoit veu depuis cinquante ans : la pluf-part n'ayans pas de quoy viure, & eftans contraints ou de mãger du gland, ou bien d'aller chercher dans les bois des racines fauuages, dont ils fouftiennent vne mife-rable vie : encore trop heüreux de n'eftre pas tombez entre les mains d'vn ennemy, mille fois plus cruel que les beftes feroces, & que toutes les famines du mõde. La pef-che en nourrit quelques-vns. Mais aprés tout, en quelque endroit que nous allions, nous n'y voyons rien que des croix, des miferes prefentes, & des craintes d'vn plus grand mal; la mort eftant à la plufpart, le moindre des maux qui leur puiffe arriuer.

Les efperances du Paradis que la Foy fournit aux Chreftiés, font l'vnique confolation qui les fouftient dans ces rencon-tres, & qui leur fait eftimer plus que ia-mais, les auantages du bon-heur qu'ils poffedent; qui ne peut leur eftre rauy, ny par les cruautez des Iroquois, ny par les

langueurs d'vne famine, qui va les pour-
suiuant dans leur fuite, & de laquelle ils
ne peuuent fuyr.

Nous auons tasché toutefois de secourir
de nostre pauureté, vne partie de ces pauures Chrestiens, & depuis ces miseres publiques, qui commencerent il n'y a pas vn
an, nous en auons receu dans l'hospice de
cette Maison de Saincte Marie, plus de
six mille de compte fait ; & tous les iours
le nombre croist aussi bien que leurs miseres, que Dieu en soit beny à tout iamais.
Quoy qu'il arriue, ce nous doit estre assez
qu'il en tire sa gloire : & s'il luy plaist augmenter la foy de ces peuples, multipliant
ses croix, & sur eux & sur nous ; nostre
cœur y est preparé, nous les embrasserons
auec ioye, & nous luy dirons sur la montagne de Caluaire d'aussi bon cœur, que
s'il nous auoit transporté sur la montagne
de sa gloire, *Bonum est nos hic esse.*

Ie parle de la sorte, à cause que ie crains
qu'on ne craigne par trop pour nous, *Æ-
stimati sumus sicut oues occisionis, sed in his omnibus superamus, propter eum qui dilexit nos.*
Depuis la naissance du Christianisme, &
depuis que Iesus-Christ n'a rachepté le
monde, que par son sang respandu sur la

Croix, nous sommes asseurez que la Foy n'a esté plantée en aucun lieu du monde, qu'au milieu des croix & des souffrances. Ainsi ces desolations nous consolent, & au milieu de la persecution, dans le plus fort des maux qui nous attaquent, & des plus grands malheurs dont on nous puisse menacer, nous sommes tous remplis de ioye, & nostre cœur nous dit que iamais Dieu n'a eû vn amour plus tendre pour nous, que celuy qu'il a maintenant.

Au reste il ne faut pas croire que tout soit perdu. *Non est abbreuiata manus Domini.* Les Chrestiens qui sont fugitifs, n'ont pas perdu leurs ames auec leurs biens, ils portent dans leur cœur la vraye Foy, qui fait en eux vne Eglise viuante. Les Peuples qui restent à conuertir, sont du domaine de Iesus-Christ, qui nous donne assez de lumieres, pour pouuoir esperer raisonnablement que nous pourrons en faire vn peuple tout Chrestien: nonobstant les pertes passées, & les desolations qui ont precedé. Il est vray que le plus fort de nos esperances est en Dieu seul; mais il en est de mesme dans toutes les affaires qui ne sont pas du ressort de la nature. Où seroit nostre merite & nostre foy, si nous ne marchions

à trauers ces obfcuritez ? où noftre confiance en Dieu, fi noftre appuy eftoit tout
entier fur les moyens humains ? Qui veut
voir trop clair en fes affaires, ne s'a-
bandonne pas affez aux conduites dè
Dieu, & ce n'eft plus en Dieu qu'il fe con-
fie, mais en foy-mefme. Nous prions noftre Seigneur, que iamais il ne permette
en nous vne infidelité fi grande, dans le
maniement des affaires qu'il nous a mifes
en main, qui font les fiennes plus que les
noftres.

Voicy les penfées que nous auons ; le
temps y donnera plus de iour. Il eft diffici-
le que la Foy fubfifte en ces païs, fi nous
n'auons vn lieu, qui foit comme le centre
de toutes nos Miffions ; d'où nous puiffions enuoyer les Predicateurs de l'Euangile, dans les Nations répanduës en toutes
ces contrées, & où nous puiffions nous
r'affembler de fois à autres, pour y conferer des moyens que Dieu nous fournira de
procurer fa gloire, & des lumieres qu'il
nous donnera pour cét effet. Cette maifon de Saincte Marie, où nous auons efté
iufqu'à maintenant, eftoit dans le lieu le
plus auantageux pour ce deffein, qu'on
eût pû choifir, en quelque part que nous

euſſions eſté. Mais les affaires eſtant dans
l'eſtat où nous les voyons maintenant, ce
ſeroit vne temerité à nous de demeurer en
vn lieu abandonné, d'où les Hurons ſe retirans , & où les Algonquins ne pouuans
plus auoir aucun commerce , pas vn ne
viendroit nous y voir, ſinon les Ennemis
qui déchargeroient ſur nous ſeuls tout le
poids de leurs armes. Ainſi nous ſommes
reſolus de ſuiure noſtre troupeau , & fuïr
auec les fuyans , puiſque nous ne viuons
pas icy pour nous meſmes, mais pour le ſalut des ames , & pour la conuerſion de ces
Peuples.

Mais les bourgades Hurones, qui ſe ſont
diſperſées, ayant pris diuerſes routes en
leur fuite ; les vns s'eſtans iettez dans des
montagnes que nous appellons la Nation
du Petun, où trois de nos Peres cultiuoient
cét hyuer dernier, trois Miſſions diuerſes ;
les autres ayans pris party dans vne Iſle,
que nous nommons l'Iſle de S. Ioſeph, où
nous commençâmes, il y a prés d'vn an,
vne nouuelle Miſſion : Enfin les autres
eſtans dans le deſſein d'aller dans des Iſles
plus eſloignées de noſtre grãd Lac ou Mer
douce ; Nous ſuiurons ceux-cy, & nous tâ-
cherons d'eſtablir noſtre principale de-

meure, & le centre de nos Miſſions, dans vne Iſle que nous nommons l'Iſle de Sainⱡte Marie, que les Hurons appellent Ekaentoton. C'eſt cette Iſle dont i'ay parlé dans le ſecond Chapitre, où i'ay dit que nous commençâmes l'Automne dernier, vne nouuelle Miſſion, parmy les peuples Algonquins qui l'habitent, & qui eſt éloignée de nous enuiron ſoixante lieuës.

Cette Iſle nous a paru deuoir eſtre vne demeure plus conuenable à noſtre deſſein; à cauſe que de ce lieu nous pourrons plus que d'aucun autre, vacquer à la conuerſion des Hurons, & des Algonquins : car nous approcherons des Algonquins Eſkiaeronnon, Aoechiſaeronnon, Aoeatſioaenronnon, & d'vne infinité d'autres peuples alliez, tirant touſiours vers l'Occident & nous eſloignant des Iroquois nos Ennemis. De ce meſme lieu, nous pourrons auſſi enuoyer par canot vers la Nation du Petun, & vers les Peuples de la Nation Neutre, qui nous deſirent, quelques-vns de nos Peres, qui auront ſoin des Miſſions de ce coſté là. De plus en cette Iſle de Sainⱡte Marie, nous ſerons touſiours dans la commodité plus grande que d'aucun autre lieu, d'entretenir & conſeruer le commerce des Algonquins & des Hurons, auec nos François des Trois-Riuieres & de Kebec: ce qui eſt neceſſaire, & pour le maintien de la Foy en toutes ces contrées, & pour le bien des colonies Françoiſes, & le ſouſtien de la Nouuelle France. Mais il faut attendre ce temps là, auec patience & courage ; car ie croy que pour quelques années, nos Hurons auront de la peine à faire ce voyage, eſtans preſſez de la fami-ne, & obligez de fuïr le fleau de la guerre. Quand ils auront eû le loiſir de ſe recon-noiſtre, alors ils pourront retrouuer le chemin de Kebec, non ſeulement par la grande Riuiere de S. Laurent, qui peut-eſtre ſera touſiours trop infectée des En-nemis Iroquois ; mais par des voyes écar-tées, par leſquelles ils pourront faire ce voyage auec plus de ſeureté.

Cette Iſle de Saincte Marie eſt abon-dante en poiſſon ; & les terres y ſont bon-nes pour eſtre cultiuées, ſelon le rapport qui nous en eſt fait. Volontiers nous met-trons la main à la charuë, pour y viure à la ſueur de noſtre viſage, & de noſtre trauail, ſi les viures nous manquent d'ailleurs : car iuſques à maintenant c'eſtoient les bour-gades Hurones qui nous fourniſſoient leur

bled d'Inde, qui a esté le principal & quasi le total de nostre nourriture. Nous n'e-
stimons pas cét employ indigne de nos
soins : & s'il estoit necessaire de nous rendre esclaues de nos ennemis mesmes, afin
de trouuer les moyens de conseruer dans
la captiuité la Foy de ces Eglises, que Dieu
a fait naistre au milieu de la barbarie ; &
d'annoncer à tous les Peuples qui restent
à conuertir en ces contrées , le nom de
Dieu qu'ils n'ont pas encore adoré; Volontiers nous abandonnerions & nostre liberté , & nos vies, à la cruauté des Iroquois, & nous irions mourir au milieu de
leurs feux & de leurs braziers.

Nous ne sçauons pas ce que Dieu nous
reserue , & si peut-estre vn búcher & les
flammes ne seront point nostre partage,
aussi bien qu'à nos Freres qui y sont morts
depuis si peu de iours, pour la cause de
Dieu. Quoy qui puisse nous arriuer nous
serons trop heureux d'auoir consommé
nos vies à son seruice, puis qu'il merite que
tous les hommes s'immolent pour sa gloire; & qu'ils n'ayent pas vn seul moment
de vie, sinon pour son sainct amour, & pour
le salut des ames , qu'il a aimées iusques à
la mort.

Depuis ce que deſſus eſcrit, la pluſpart des bourgades Huronnes qui s'eſtoient diſſipées, ayant deſir de ſe reünir dans l'Iſle de S. Ioſeph; douze des Capitaines les plus conſiderables, ſont venus nous coniurer au nom de tout ce pauure Peuple deſolé, Que nous euſſions pitié de leur miſere; Que ſans nous ils ſe voyoient la proye de l'ennemy; Qu'auec nous ils s'eſtimoient trop forts pour ſe defendre auec courage: Que nous euſſions compaſſion de leurs veuues, & des pauures enfans Chreſtiens; Que tous ceux qui reſtoient d'Infideles, eſtoient tous reſolus d'embraſſer noſtre Foy, & que nous ferions de cette Iſle, vne Iſle de Chreſtiens.

Aprés auoir parlé plus de trois heures entieres, auec vne eloquence auſſi puiſſante pour nous fléchir, que l'art des Orateurs en pourroit fournir au milieu de la France, à la pluſpart de ceux qui appellent ces pays barbares; ils firent montre de dix grands colliers de pourcelaine (ce ſont les perles & les diamans de ces pays) ils nous dirent que c'eſtoit là la voix de leurs femmes & enfans, qui nous faiſoient preſent du peu qu'il leur reſtoit dans leur miſere; Que nous ſçauions aſſez en quelle eſtime

ils auoient ces colliers, qui sont leurs ornemens, & toute leur beauté; mais qu'ils
vouloient que nous sceussions que la Foy
leur seroit plus pretieuse que leurs biens,
& que nos instructions leur seroient plus
aymables, que tout ce que la terre leur
pourroit fournir de richesses. Qu'ils faisoient ces presens, pour faire reuiure en
nos personnes le zele & le nom du Pere
Echon (c'est le nom que les Hurons ont
tousiours donné au Pere Iean de Brebeuf.)
Qu'il auoit esté le premier Apostre du
pays; Qu'il estoit mort pour les assister,
iusqu'au dernier soufpir; Qu'ils esperoient
que son exemple nous toucheroit, & que
nos cœurs ne pouuoient pas leur refuser
de mourir auec eux, puis qu'ils vouloient
viure Chrestiens.

En vn mot leur eloquence nous empor-
ta, ou plustost la disposition de leurs ames,
& les raisons que la nature pouuoit leur
fournir. Nous ne pûmes douter que Dieu
n'eût voulu nous parler par leur bouche,
& quoy qu'à leur abord, nous eussions tous
esté dans vn autre dessein, nous nous
trouuâmes tous changez auant leur depart, & d'vn commun consentement nous
crûmes qu'il falloit suiure Dieu, la part où
il

il nous vouloit appeller, quelque peril qu'il pût y auoir pour nos vies, & quelque espaiſſeur de tenebres où nous puiſſions reſter, pour la ſuitte du temps futur, qui n'eſt pas en noſtre pouuoir.

Ainſi noſtre deſſein eſt de tranſporter tout le gros de nos forces, & cette maiſon de ſaincte Marie dans l'Iſle de S. Ioſeph, qui ſera le centre de nos miſſions, & enſemble le bouleuart de ces pays. Nous auons beſoin plus que iamais des prieres de la France. Quoy qui puiſſe nous arriuer, nous portons auec ioye nos ames entre nos mains, & noſtre mort ſera noſtre deſir, pourueu que nos vies ne ſoient conſommées que pour le maintien de la Foy, & la gloire de Dieu en toutes ces contrées.

Il ne ſera pas hors de propos d'adiouſter en ce Chapitre la lettre qu'écrit le Pere qui auoit ſoin de cette Miſſion, au R. P. Hierôme Lalemant Superieur à Kebec, puis qu'elle nous donne vne plus ample cognoiſſance de l'eſtat de cette Miſſion.

Pax Chriſti.

M ON REVEREND PERE,
Aprés la mort du petit Iacques Doüard

G

affaſsiné l'an paſſé , ie me ſouuins d'auoir
offert à Dieu en holocauſte ce que i'auois
de plus cher en ce monde, dans la penſée
qui me venoit, qu'il n'y auoit rien pour
pretieux qu'il fuſt, dont nous deuſsions ai-
mer l'aneantiſſement , pourueu que d'i-
celuy quelque gloire en reuinſt à Dieu ;
entre autres choſes que i'offrois à Dieu
comme celles que ie cheriſſois le plus au
monde, eſtoient les Chreſtiens de la Conception dont i'auois le ſoin, & puis la maiſon de S. Marie; le bon Dieu a accepté mon
offrande. Tous mes pauures Chreſtiens
de la Conception à la reſerue de 3. ou 4.
ont eſté tuez, ou pris captifs par les Iroquois, & la maiſon de ſainɗe Marie a eſté
deſtruite, quoy que plus doucement, qu'à
ce que ie m'eſtois reſolu dés long-temps
auparauant en mes meditations. Mais les
bons Peres de Brebeuf & Lalemant ont
offert à Dieu vn bien plus agreable ſacrifi-
ce, *non aliena, non ſua , ſed ſeipſos immolan-
do.* Pretieux holocauſte de ces vertueux
Peres, que ne puis-ie vous faire continuer
en ma perſonne? ce ſera quand il plaira à
Dieu; tous tant que nous ſommes de Peres icy nous n'auons iamais plus aimé noſtre vocation qu'aprés auoir veu qu'elle

nous peut efleuer iufques à la gloire du
martyre; il n'y a que mes imperfections
qui m'en puiffent faire quitter ma part;
Helas mon Reuerend Pére, que i'ay befoin d'humilité, & de pureté de cœur pour
pouuoir afpirer à l'honneur que le bon
Dieu a fait à fon nepueu : fi V. R. la de-
mande pour moy au bon Iefus par les merites de fes quatre grands feruiteurs les
PP. Iogues, Daniel, de Brebeuf, &
Lalemant, i'efpere qu'elle me l'obtiendra,
& en fuite le bon Iefus me pourroit bien
faire la grace de mourir pour l'aduancement de fon Royaume; Ie fuis depuis vn
mois à Ahɣenoloe l'Ifle de S. Iofeph, où
la plufpart de nos pauures Hurons fe font
refugiez; c'eft icy où ie vois vne partie des
miferes que la guerre, & la famine, ont
caufé à ce pauure peuple defolé, leur nourriture ordinaire n'eft plus que de gland,
ou d'vne certaine racine amere qu'ils nom-
ment otfa, & bienheureux encore qui en
peut auoir, ceux qui n'en ont pas, viuent
partie d'ail cuit fous les cendres, ou dans
l'eau fans autre fauce, & partie de poiffon
boucané, dont ils affaifonnent l'eau toute
pure qu'ils boiuent, comme ils faifoient
auparauant leur fagamité; il s'en trouue

encore de plus pauures que tout cela , qui
n'ont ny bled, ny gland, ny ail, ny poiſſon , & ſont de pauures malades qui ne
ſçauroient chercher leur vie; adiouſtez à
cette pauureté, qu'il faut qu'ils trauaillent
à défricher de nouuelles foreſts,à faire des
cabanes , & à faire des paliſſades pour ſe
garantir l'année qui vient de la famine ,
& de la guerre , en ſorte que les voyant
vous iugeriez que ce ſont de pauures
morts déterrez. Ie voudrois pouuoir re-
preſenter à toutes les perſonnes affection-
nées à nos Hurons , l'eſtat pitoyable auquel ils ſont reduits : certainement elles
ne pourroient ſe contenir de ſangloter &
de pleurer à chaudes larmes. Helas que ie
leur dirois volontiers de la part de tout ce
pauure peuple, *Miſeremini mei , miſeremini
mei , ſaltem vos amici mei , quia manus Domini tetigit me.* Le tres-benin Ieſus fut tou-
ché de compaſſion à la veuë d'vne ſeule
veuue , dont on portoit le fils en terre;
comment ſeroit-il poſſible que ces imita-
teurs de Ieſus-Chriſt, ne fuſſent émeus à
pieté à la veuë des centaines , & centaines
de veuues dont non ſeulement les enfans ,
mais quaſi les parents ont eſté outrageuſe-
ment ou tuez, ou emmenez captifs,& puis

inhumainement bruſlez, cuits, déchirez,
& deuorez des ennemis. Ceux qui me tou-
chent dauantage ce ſont les pauures veuues, & orphelins de la Conception, qui
eſtoit le Bourg communément nommé
par les Hurons le Bourg Croyant, & ce
auec raiſon; car il y auoit fort peu d'infideles de reſte: l'hyuer paſſé il ne s'y eſtoit
commis aucun peché public,, les Chreſtiens eſtans les plus forts pour empeſcher
les Infideles qui en euſſent voulu faire.
Entre autres il y eut vn deſir d'vne Danſe
Dꝰtetha, à laquelle le Meneſtrier venu
d'vn autre Bourg vouloit annexer vn fe-
ſtin d'Endakꝰandet; ce qu'ayans entendu
les Chreſtiens ils s'y oppoſerent ſi puiſ-
ſamment, qu'il n'y eut pas vn Capitaine
qui vouluſt en faire la criée; de ſorte que
le Meneſtrier fut contraint de vuider, &
de s'en retourner auec ſa courte honte à
ſon Bourg : ce fut la derniere action que
firent nos Chreſtiens en profeſſion de leur
Foy, car trois iours aprés les Iroquois les
tuerent, n'en ayant emmené que ſix pri-
ſonniers, tout le reſte ayant combattu ge-
nereuſement iuſques à la mort pour la de-
fenſe de leur patrie. On m'a dit que Char-
les Ondaiaiondiont voyant que l'ennemy

les emportoit à force de monde se mit à
genoux pour prier Dieu, & que fort peu
aprés il fut tué d'vn coup d'arquebuze.
Acoуendуtie d'Arentet baptizé là bas,
fut trouué les mains iointes aprés sa mort,
ce fut vn des Hurons qui retrouuerent le
corps du Pere de Noue les mains iointes,
sans doute qu'il l'a voulu imiter. Ie veux
pour acheuer ma lettre faire part à V. R.
de la priere que fit le bon René Tson-
dihуannen au depart des Chrestiens de la
Côception qui alloient au deuant de l'ennemy: Seigneur Dieu, Maistre de nos vies,
ayez pitié des Chrestiens qui vont rencontrer les Iroquois, ne les abandonnez pas,
de peur que le progrés de la Foy ne soit re-
tardé par vos ennemis, s'ils ont le dessus.
Quoy que le bon homme n'obtinst pas l'effet de sa priere, il ne laissa pas de venir
adorer Dieu, en suite de la mort de Tso-
endiai son gendre, & de la captiuité d'I-
hanneusa son fils. I'entendis encore la
priere qu'il fit en telle forme, Mon Dieu
ce qui est arriué que nos freres sont morts
est le meilleur, nous n'auons point d'esprit
nous autres hômes qui pretendiôs que l'is-
suë n'arriue-t'elle ainsi? vous seul cônois-
sez ce qui doit estre pour le mieux. Pour

lors nous aduouërons dans le Ciel quand
nous y arriuerons , que les choſes ſont
bien arriuées ainſi qu'elles ſont arriuées,
& qu'elles ne ſeroient pas bien allées,
ſi elles fuſſent arriuées autrement. V.
R. voit par là que *diligentibus Deum om-*
nia cooperantur in bonum. I'ay eu l'honneur
d'eſtre enuiron trois ſepmaines durant
Maiſtre en la langue Huronne de ſon bon
Nepueu, *incredibile eſt dictu quantum inſu-*
daret linguæ addiſcendæ, quantúmque proſice-
ret. In præmium iſtiuſmodi ſolertiæ nonnulli
putarunt fuiſſe illi à Deo conceſſam tam felicem
mortë. La peine qu'il prenoit à apprendre
la langue Huronne, & le progrez qu'il y
faiſoit eſt preſque incroyable; quelques-
vns de nos Peres ont eſtimé que Dieu a re-
compenſé cette grande diligence de cette
heureuſe mort. Adieu mõ Reuerend Pere,

Que V. R. ne s'oublie pas en ſes
SS. ſacrifices, & prieres de

Son tres-humble & tres-obeyſſant
ſeruiteur I. M. Chavmonot,
de la Compagnie de Iesvs.

De l'Iſle de S. Ioſeph,
ce 1. *Iuin* 1649.